ATTACHÉ TERRITORIAL CONCOURS EXTERNE

NOUVELLE ÉDITION, REVUE ET ENRICHIE

Marc DALENS

Ouvrage dirigé par Laurence BRUNEL

● SOMMAIRE

Les attachés territoriaux participent à la conception, à l'élaboration et à la mise en œuvre des politiques décidées dans les domaines administratif, financier, économique, sanitaire, social, culturel, de l'animation et de l'urbanisme. Ils peuvent ainsi se voir confier des missions, des études ou des fonctions comportant des responsabilités particulières, notamment en matière de gestion des ressources humaines, de gestion des achats et des marchés publics, de gestion financière et de contrôle de gestion, de gestion immobilière et foncière et de conseil juridique. Ils peuvent également être chargés des actions de communication interne et externe, et de celles liées au développement, à l'aménagement et à l'animation économique, sociale et culturelle de la collectivité. Ils exercent des fonctions d'encadrement et assurent la direction de bureau ou de service.

Pour autant, le concours d'attaché territorial est exigeant et sélectif. Il importe de bien vous y préparer. C'est l'objet de ce manuel. Vous y trouverez des conseils et les dernières annales corrigées afin de vous former dans les meilleures conditions. Ce manuel prend en compte les dernières modifications des épreuves du concours. Il vous préparera à la fois aux épreuves de composition et de rédaction de note.

Ce manuel s'adresse aux candidats du concours externe d'attaché territorial.

Nous terminerons par quelques recommandations aux candidats :
• soyez réguliers dans votre travail et fixez-vous des objectifs de préparation compatibles avec vos obligations ;
• entraînez-vous à toutes les épreuves, sans en négliger une seule ;
• tenez-vous informés de l'actualité.

Bon courage dans votre travail et bonne chance à tous !

Les développements qui suivent concernent le métier d'attaché territorial. Ils vous permettront notamment de mieux connaître l'environnement juridique du métier d'attaché territorial, ce qui vous sera utile dans la perspective de l'épreuve d'entretien avec le jury.

■ LES MISSIONS DES ATTACHÉS TERRITORIAUX

Le cadre d'emploi des attachés territoriaux, classé en catégorie A, relève de la filière administrative. Il comprend les grades d'attaché, d'attaché principal et de directeur territorial.

Les membres du cadre d'emploi exercent leurs fonctions sous l'autorité des directeurs généraux des services des départements et des régions, des directeurs généraux des services ou secrétaires des communes ou des directeurs d'établissements publics et, le cas échéant, des directeurs généraux adjoints des départements et des régions, des directeurs généraux des services adjoints des communes, des directeurs adjoints des établissements publics ou des administrateurs territoriaux en poste dans la collectivité ou l'établissement.

Ils participent à la conception, à l'élaboration et à la mise en œuvre des politiques décidées dans les domaines administratif, financier, économique, sanitaire, social, culturel, de l'animation et de l'urbanisme. Ils peuvent ainsi se voir confier des missions, des études ou des fonctions comportant des responsabilités particulières, notamment en matière de gestion des ressources humaines, de gestion des achats et des marchés publics, de gestion financière et de contrôle de gestion, de gestion immobilière et foncière et de conseil juridique. Ils peuvent également être chargés des actions de communication interne et externe, et de celles liées au développement, à l'aménagement et à l'animation économique, sociale et culturelle de la collectivité. Ils exercent des fonctions d'encadrement et assurent la direction de bureau ou de service.

Ils peuvent, en outre, occuper les emplois administratifs de direction des collectivités territoriales, des mairies d'arrondissement ou de groupe d'arrondissements des communes de Lyon et de Marseille, assimilés à des communes et des établissements publics locaux assimilés.

Les titulaires du grade d'attaché principal exercent leurs fonctions dans les communes de plus de 2 000 habitants, les départements, les régions et les offices publics d'habitations à loyer modéré (HLM) de plus de 3 000 logements ainsi que les établissements publics locaux assimilés à une commune de plus de 2 000 habitants. Ils peuvent, en outre, occuper l'emploi de directeur général des services de communes de plus de 2 000 habitants, des mairies d'arrondissement ou de groupe d'arrondissements des communes de Lyon et de Marseille, assimilés à des communes de plus de 10 000 habitants ou exercer les fonctions de directeur d'office public d'habitations à loyer modéré de plus de 1 500 logements.

Les titulaires du grade de directeur territorial exercent leurs fonctions dans les communes de plus de 40 000 habitants, les départements, les régions, les offices publics d'HLM de plus de 2 000 logements ainsi que les établissements publics locaux assimilés à une commune de plus de 40 000 habitants. Ils peuvent, en outre, occuper l'emploi de directeur général des services de communes de plus de 10 000 habitants, des mairies d'arrondissement ou de groupe d'arrondissements des communes de Lyon et de Marseille, assimilés à des communes de plus de 10 000 habitants ou exercer les fonctions de directeur d'office public d'habitations à loyer modéré de plus de 3 000 logements ou d'un établissement public local assimilé à une commune de plus de 10 000 habitants.

■ LA RÉMUNÉRATION DES ATTACHÉS TERRITORIAUX

Traitement brut mensuel d'un attaché territorial, au 1er octobre 2016 :
- d'un attaché en début de carrière : 1 784,03 euros (indice majoré 383) ;
- d'un attaché principal en fin de carrière : 3 693,05 euros (indice majoré 793) ;
- d'un directeur en fin de carrière : 3 763,72 euros (indice majoré 808).

Au traitement s'ajoutent l'indemnité de résidence (3 % du traitement brut en région parisienne) et, le cas échéant, le supplément familial. Les attachés peuvent percevoir, en raison de leurs fonctions, une nouvelle bonification indiciaire. Les fonctionnaires détachés dans un emploi fonctionnel peuvent également bénéficier d'une nouvelle bonification indiciaire (NBI) spécifique.

Dans le cadre du régime indemnitaire, les membres de ce cadre d'emploi peuvent percevoir l'indemnité d'exercice de missions des préfectures, l'indemnité forfaitaire pour travaux supplémentaires ou une indemnité prévue en cas de tâches particulières ou de sujétions spéciales.

■ LE RECRUTEMENT DES ATTACHÉS TERRITORIAUX

À l'issue des épreuves d'admission, les jurys arrêtent, dans la limite des places mises au concours, la liste d'admission. Le président du centre de gestion arrête la liste d'aptitude qui est établie par ordre alphabétique, au vu de la liste d'admission. L'inscription sur la liste d'aptitude ne vaut pas recrutement. Il appartient aux lauréats de se rapprocher des collectivités qui ont déclaré des emplois vacants, seules investies du pouvoir de nomination. La liste d'aptitude ayant une validité nationale, les lauréats peuvent être recrutés dans toutes les collectivités territoriales. Cette inscription est valable un an, renouvelable deux fois sur la demande de l'intéressé.

Le lauréat qui serait déclaré apte à plusieurs concours du même grade devra opter pour son inscription sur une seule liste d'aptitude. En outre, le lauréat est informé qu'après deux refus d'offre d'emploi transmise par une collectivité ou un établissement au centre de gestion de la fonction publique territoriale organisateur, il est radié de la liste d'aptitude.

La recherche d'emploi relève d'une démarche personnelle du lauréat qui pourra adresser des candidatures spontanées aux collectivités (lettre de motivation et CV). Cependant, le centre de gestion facilite la recherche d'emploi des lauréats qui le souhaitent, ceux-ci ayant la possibilité, sur le site internet du centre de gestion (www.rdvemploipublic.fr) ou sur celui des centres de gestion (www.fncdg.com) :
• de consulter les offres d'emploi proposées par les collectivités ;
• de faire figurer leurs coordonnées personnelles sur la liste d'aptitude, facilitant ainsi la prise de contact par les collectivités ;
• de faire connaître aux collectivités leur CV et leurs souhaits professionnels et géographiques, en adressant au centre de gestion leur demande d'emploi qui sera diffusée sur Internet.

Les candidats admis et recrutés par une collectivité territoriale sont nommés attachés territoriaux stagiaires et accomplissent un stage d'une année, au cours duquel ils reçoivent une formation d'adaptation. De fait, dans l'année qui suit leur nomination, les attachés territoriaux sont astreints à suivre une formation d'intégration pour une durée totale de cinq jours. À l'issue du stage, les stagiaires dont les services ont donné satisfaction sont titularisés en qualité d'attachés territoriaux. La durée du stage est prise en compte pour l'avancement dans la limite d'une année.

Les stagiaires qui n'ont pas été titularisés à l'issue du stage peuvent, après avis de la commission administrative paritaire (CAP), être autorisés à effectuer un stage complémentaire d'une durée maximale d'un an. Si le stage complémentaire a été jugé satisfaisant, les intéressés sont titularisés. Les stagiaires qui n'ont pas été autorisés à effectuer un stage complémentaire ou dont le stage complémentaire n'a pas été jugé satisfaisant sont soit licenciés s'ils n'avaient pas préalablement la qualité de fonctionnaire, soit réintégrés dans leur grade d'origine.

◼ NOTIONS SUR LE DÉROULEMENT DE CARRIÈRE DES ATTACHÉS TERRITORIAUX

Les attachés titulaires sont susceptibles au cours de leur carrière de bénéficier d'un avancement au grade d'attaché principal et au grade de directeur territorial. Sous réserve de l'existence d'un poste vacant, la nomination au grade supérieur est prononcée par l'autorité territoriale, après inscription sur un tableau annuel d'avancement, établi par ordre de mérite après avis de la commission administrative paritaire, soit au choix, soit après examen professionnel. Dans le cadre de l'avancement de grade, la durée de validité de l'examen professionnel n'est pas limitée. Le fonctionnaire ne peut être promu que tant qu'il est inscrit sur le tableau d'avancement. Toutefois, le nombre de réinscriptions sur un tableau annuel d'avancement n'est pas limité. Aussi, un fonctionnaire qui ne serait pas promu au titre d'un tableau annuel d'avancement peut être réinscrit sur un ou plusieurs tableaux successifs, si l'autorité territoriale le décide ainsi.

DIRECTEUR TERRITORIAL

Tableau annuel d'avancement

Conditions :

Compter au moins 4 ans de services effectifs dans le grade d'attaché principal

ATTACHÉ PRINCIPAL

Tableau annuel d'avancement

Conditions :

Au 1er janvier de l'année au titre de laquelle est dressé le tableau d'avancement :

Justifier de 3 ans de services effectifs dans un cadre d'emploi,

corps ou emploi de catégorie A ou de même niveau

+ Compter au moins 1 an d'ancienneté dans le 5e échelon du grade d'attaché

+ Réussir un examen professionnel

Ou

Au 31 décembre de l'année au titre de laquelle le tableau d'avancement est établi :

Justifier d'au moins 7 ans de services effectifs dans un cadre d'emploi,

corps ou emploi de catégorie A ou de même niveau

+ Compter au moins 1 an d'ancienneté dans le 9e échelon du grade d'attaché

ATTACHÉ

■ LES CONDITIONS GÉNÉRALES DE RECRUTEMENT PAR CONCOURS

Ces conditions sont au nombre de cinq :
• posséder la nationalité française ou celle d'un des autres États membres de la Communauté européenne ou d'un autre État partie à l'accord sur l'Espace économique européen ;
• jouir de ses droits civiques dans l'État dont on est ressortissant ;
• ne pas avoir subi une condamnation incompatible avec l'exercice des fonctions ;
• être en position régulière au regard des obligations de service national de l'État dont on est ressortissant ;
• remplir les conditions d'aptitude physique exigées pour l'exercice des fonctions.

■ LES CONCOURS D'ATTACHÉ TERRITORIAL

Le recrutement dans ce cadre d'emploi intervient après inscription sur une liste d'aptitude établie après concours ou au titre de la promotion interne. Les concours sont ouverts dans une ou plusieurs des spécialités suivantes :
• administration générale ;
• gestion du secteur sanitaire et social ;
• analyste ;
• animation ;
• urbanisme et développement des territoires.

La très grande majorité des postes est ouverte dans la spécialité administration générale. Les postes à pourvoir sont répartis entre trois concours distincts :
• un concours externe ouvert pour 50 % au moins des postes à pourvoir ;
• un concours interne ouvert pour 30 % au plus des postes à pourvoir ;
• un troisième concours ouvert pour 20 % au plus des postes à pourvoir.

Toutefois, lorsque le nombre de candidats ayant passé avec succès les épreuves de l'un des trois concours mentionnés ci-avant est inférieur au nombre des places offertes à ce concours, le jury peut modifier le nombre de places aux concours externe et interne dans la limite de 25 %.

■ LES DISPOSITIONS APPLICABLES AUX CANDIDATS HANDICAPÉS

Les candidats reconnus handicapés par la Commission des droits et de l'autonomie des personnes handicapées peuvent bénéficier d'un aménagement spécial des épreuves prévues par la réglementation (adaptation de la durée, fractionnement des épreuves, aides humaines et

techniques). L'octroi d'aménagements d'épreuves est subordonné à la production d'une demande du candidat accompagnée :
• de la notification de la décision de la commission lui reconnaissant la qualité de travailleur handicapé et l'orientant en milieu ordinaire de travail ;
• d'un certificat médical délivré par un médecin généraliste agréé par le préfet du département de son lieu de résidence (si possible compétent en matière de handicap), confirmant la compatibilité de son handicap avec l'emploi auquel le concours ou l'examen professionnel donne accès et précisant l'aménagement nécessaire.

Rappel : L'article 1er du décret n° 96-1087 du 10 décembre 1996 prévoit que les travailleurs handicapés peuvent être recrutés directement sans concours. Ils sont engagés en qualité d'agents contractuels puis titularisés à la fin du contrat lorsque leur handicap a été jugé compatible avec l'emploi postulé.

■ LE CONCOURS EXTERNE D'ATTACHÉ TERRITORIAL

Le concours externe est ouvert aux candidats titulaires d'une licence ou d'un autre titre ou diplôme classé au moins au niveau II ou d'une qualification reconnue comme équivalente à l'un de ces titres ou diplômes.

Peuvent se présenter au concours, sous réserve de remplir les conditions générales de recrutement, les candidats qui justifient de qualifications au moins équivalentes. Ainsi les candidats aux concours bénéficient-ils d'une équivalence de plein droit dès lors qu'ils satisfont à l'une au moins des conditions suivantes :
• être titulaire d'un diplôme, d'un titre de formation ou d'une attestation établie par une autorité compétente prouvant que le candidat a accompli avec succès un cycle de formation au moins de mêmes niveau et durée que ceux sanctionnés par les diplômes ou titres requis ;
• justifier d'une attestation d'inscription dans un cycle de formation dont la condition normale d'accès est d'être titulaire d'un diplôme ou d'un titre de formation au moins de même niveau que celui des diplômes ou titres requis ;
• être titulaire d'un diplôme ou d'un titre homologué ou d'un diplôme ou titre à finalité professionnelle enregistré au répertoire national des certifications professionnelles, classé au moins au même niveau que le diplôme ou titre requis ;
• être titulaire d'un diplôme ou titre de formation au moins équivalent, figurant sur une liste fixée, pour chaque niveau de diplôme, par un arrêté conjoint du ministre intéressé, du ministre chargé de l'éducation et du ministre chargé de la fonction publique.

Les diplômes, titres ou attestations doivent être délivrés par une autorité compétente compte tenu des dispositions législatives, réglementaires ou administratives applicables dans l'État concerné.

Le candidat est tenu de fournir, à l'appui de sa demande, une copie du diplôme ou titre, le cas échéant, dans une traduction en français établie par un traducteur assermenté.

Par ailleurs, les candidats qui justifient de l'exercice d'une activité professionnelle, salariée ou non salariée, exercée de façon continue ou non, équivalente à une durée totale cumulée d'au moins trois ans à temps plein et relevant de la même catégorie socioprofessionnelle que celle de la profession à laquelle la réussite au concours permet l'accès peuvent également faire acte de candidature à ce concours.

La durée totale cumulée d'expérience exigée est réduite à deux ans lorsque le candidat justifie d'un titre ou d'un diplôme de niveau immédiatement inférieur à celui requis.

Les périodes de formation initiale ou continue, quel que soit le statut de la personne, ainsi que les stages et les périodes de formation en milieu professionnel accomplis pour la préparation d'un diplôme ou d'un titre ne sont pas pris en compte pour le calcul de la durée d'expérience requise.

Sont toutefois dispensés des conditions de diplôme :
• les mères et pères d'au moins trois enfants qu'ils élèvent ou ont élevés effectivement ;
• les sportifs de haut niveau figurant sur la liste publiée l'année du concours par le ministre chargé des Sports.

◼ LES ÉPREUVES DU CONCOURS EXTERNE D'ATTACHÉ TERRITORIAL

Le concours externe comporte deux épreuves d'admissibilité et deux épreuves d'admission.

Épreuves d'admissibilité

Les épreuves d'admissibilité comprennent :
• une composition portant sur un sujet d'ordre général relatif à la place et au rôle des collectivités territoriales dans les problématiques locales – démocratie, société, économie, emploi, éducation/formation, santé, culture, urbanisme et aménagement, relations extérieures... (durée : 4 heures ; coefficient 3). Cette épreuve doit permettre au jury d'apprécier, outre les qualités rédactionnelles des

candidats, leur ouverture au monde, leur aptitude au questionnement, à l'analyse et à l'argumentation ainsi que leur capacité à se projeter dans leur futur environnement professionnel ;
• la rédaction d'une note selon la spécialité (durée : 4 heures ; coefficient 4).

Spécialité administration générale : la rédaction d'une note ayant pour objet de vérifier l'aptitude à l'analyse d'un dossier soulevant un problème d'organisation ou de gestion rencontré par une collectivité territoriale (durée : 4 heures ; coefficient 4).

Spécialité gestion du secteur sanitaire et social : la rédaction d'une note ayant pour objet de vérifier l'aptitude à l'analyse d'un dossier soulevant un problème sanitaire et social rencontré par une collectivité territoriale (durée : 4 heures ; coefficient 4).

Spécialité analyste : la rédaction d'une note ayant pour objet de vérifier l'aptitude à l'analyse d'un dossier portant sur la conception et la mise en place d'une application automatisée dans une collectivité territoriale (durée : 4 heures ; coefficient 4).

Spécialité animation : la rédaction d'une note ayant pour objet de vérifier l'aptitude à l'analyse d'un dossier relatif au secteur de l'animation dans une collectivité territoriale (durée : 4 heures ; coefficient 4).

Spécialité urbanisme et développement des territoires : la rédaction d'une note ayant pour objet de vérifier l'aptitude à l'analyse d'un dossier soulevant un problème d'urbanisme et de développement des territoires rencontré par une collectivité territoriale (durée : 4 heures ; coefficient 4).

Épreuves d'admission

Les épreuves d'admission du concours externe comprennent :
• un entretien visant à apprécier, le cas échéant sous forme d'une mise en situation professionnelle, les connaissances administratives générales du candidat et sa capacité à les exploiter, sa motivation et son aptitude à exercer les missions dévolues au cadre d'emploi, notamment dans la spécialité choisie (durée : 20 minutes ; coefficient 4) ;
• une épreuve orale de langue vivante d'une durée de 15 minutes comportant la traduction, sans dictionnaire, d'un texte, suivie d'une conversation, dans l'une des langues étrangères suivantes au choix du candidat au moment de l'inscription : allemand, anglais, espagnol, italien, grec, néerlandais, portugais, russe et arabe moderne (durée : 15 minutes, avec préparation de même durée ; coefficient 1).

■ LES DISPOSITIONS CONCERNANT LE CONCOURS

Les épreuves écrites sont anonymes et font l'objet d'une double correction. Il est attribué à chaque épreuve une note de 0 à 20. Chaque note est multipliée par le coefficient correspondant. Toute note inférieure à 5 sur 20 à l'épreuve d'admissibilité entraîne l'élimination du candidat. Tout candidat qui ne participe pas à l'une des épreuves obligatoires est éliminé. Seuls les candidats déclarés admissibles par le jury peuvent se présenter à l'épreuve d'admission. Le jury détermine le nombre total des points nécessaires pour être admissible et, sur cette base, arrête la liste des candidats admis à se présenter aux épreuves d'admission.

À l'issue des épreuves, le jury arrête dans la limite des places mises aux concours la liste d'admission. Cette liste est distincte pour chacun des concours. En cas de partage égal des voix, la voix du président est prépondérante. Le président du jury transmet la liste mentionnée ci-avant à l'autorité organisatrice du concours.

■ SE RENSEIGNER SUR LE CONCOURS D'ATTACHÉ TERRITORIAL

Dans les adresses utiles figurant en annexe de ce manuel, vous trouverez les coordonnées des organismes à contacter afin de recevoir les dossiers de candidature aux différents concours, et d'obtenir les renseignements que vous souhaiteriez.

■ LES STATISTIQUES SUR LE CONCOURS

Pour les épreuves écrites du concours d'attaché territorial du 18 novembre 2014, les éléments statistiques du centre interdépartemental de gestion de la petite couronne d'Île-de-France étaient les suivants. Taux d'absentéisme par voie de concours :
- concours interne : 6 382 inscrits, 4 153 présents, soit un taux de 34,92 % ;
- concours externe : 4 655 inscrits, 2 447 présents, soit un taux de 47,43 % ;
- troisième concours : 855 inscrits, 612 présents, soit un taux de 28 %.

■ QUELQUES CONSEILS PRATIQUES AUX FUTURS CANDIDATS

- Lire et conserver la notice jointe au dossier.
- En toute hypothèse, les candidats veilleront à remplir soigneusement leur dossier de candidature et à joindre l'intégralité des pièces demandées.
- Ne pas attendre le dernier moment pour expédier son dossier et garder une photocopie de son dossier.

- Ne pas oublier que tout dossier incomplet est un dossier rejeté.
- Vérifier l'affranchissement.
- Conserver en lieu sûr sa convocation et bien la lire (le jour J, l'heure H, le lieu L).

LES ÉPREUVES ÉCRITES D'ADMISSIBILITÉ

PARTIE I

1 | L'ÉPREUVE DE COMPOSITION

■ PRÉSENTATION DE L'ÉPREUVE DE COMPOSITION

L'épreuve de composition concerne les candidats au concours externe d'attaché territorial. Elle porte sur un sujet d'ordre général relatif à la place et au rôle des collectivités territoriales dans les problématiques locales (démocratie, société, économie, emploi, éducation/formation, santé, culture, urbanisme et aménagement, relations extérieures...). L'épreuve de composition dure 4 heures et est affectée d'un coefficient 3.

Cette épreuve doit permettre au jury d'apprécier, outre les qualités rédactionnelles des candidats, leur ouverture au monde, leur aptitude au questionnement, à l'analyse et à l'argumentation ainsi que leur capacité à se projeter dans leur futur environnement professionnel.

Selon la note de cadrage diffusée par le centre de gestion du Rhône, l'épreuve de composition est « *destinée à évaluer "outre les qualités rédactionnelles des candidats [...] leur aptitude au questionnement, à l'analyse et à l'argumentation". L'épreuve de composition relève en effet d'un exercice de dissertation et requiert du candidat :*
• *qu'il sache mettre en discussion (problématiser, mettre en perspective...) une question d'ordre général et organiser une démonstration (un raisonnement, des arguments) ;*
• *qu'il ait une maîtrise de la langue écrite qui lui permette de rédiger un texte long sans avoir la possibilité de s'appuyer – contrairement à l'exercice de type note de synthèse – sur des documents à disposition.* »

■ SE PRÉPARER À L'ÉPREUVE DE COMPOSITION

Vous trouverez ci-après une présentation de la méthodologie de l'épreuve de composition. Si vous souhaitez approfondir votre préparation à cette épreuve, vous pouvez vous reporter au manuel *La Dissertation aux concours administratifs* (Éditions Studyrama).

L'orientation du sujet

Selon les termes de la note de cadrage nationale, le sujet de l'épreuve de composition répond à un contexte territorial :

« *1) un sujet d'ordre général par opposition à un sujet d'ordre technique*
Cet intitulé, comme l'absence de programme réglementaire, indique qu'il s'agit d'une épreuve dont le champ excède celui des connaissances propres à une spécialité ou à un domaine.

Elle est commune à l'ensemble des spécialités du concours. Il s'agit d'une épreuve de culture générale appliquée au monde territorial.

En ce sens, il n'est pas attendu du candidat qu'il traite le sujet en spécialiste d'une discipline. L'épreuve vise à mesurer plus largement l'intérêt que le candidat porte aux problématiques locales. L'épreuve requiert du candidat qu'il sache identifier les questions posées par le sujet (du point de vue de son actualité, des enjeux sociaux, politiques, économiques ou culturels, etc. qu'il soulève) et qu'il soit capable de construire, à leur propos, une réflexion argumentée, en mobilisant des connaissances relevant d'une variété de champs ;

2) un champ délimité et centré sur les préoccupations des collectivités territoriales
L'intitulé délimite le champ du sujet d'ordre général comme "relatif à la place et au rôle des collectivités territoriales dans les problématiques locales", ces problématiques étant elles-mêmes déclinées dans une liste (non exhaustive) : démocratie, société, économie, emploi, éducation/ formation, santé, culture, urbanisme et aménagement, relations extérieures...

L'épreuve vise ainsi à évaluer la culture générale du candidat, mais dans des domaines en rapport avec le champ professionnel auquel le concours d'attaché territorial donne accès. Le candidat a donc intérêt à être curieux des différents champs énumérés dans le libellé de l'épreuve (démocratie, société, etc.) en s'y intéressant par le prisme de la dimension territoriale.

L'exercice requiert donc une connaissance précise de l'environnement territorial. Le candidat doit être capable d'étayer son propos en mobilisant des données relatives à l'organisation, au fonctionnement et aux compétences des collectivités territoriales.

Quel que soit le sujet qui lui est soumis, le candidat ne doit jamais perdre de vue que l'épreuve s'inscrit dans une démarche de recrutement au sein de la fonction publique territoriale. Comme le précise son intitulé, un des objectifs de l'épreuve est de permettre d'apprécier la capacité du candidat "à se projeter dans son futur environnement professionnel". Le candidat doit donc s'interroger sur les enjeux soulevés par le sujet du point de vue des collectivités territoriales. Il doit traiter le sujet en étant particulièrement attentif à mobiliser des connaissances précises sur la place occupée et le rôle joué en la matière par les collectivités territoriales, place et rôle qu'un candidat souhaitant exercer les missions confiées à un attaché territorial ne saurait ignorer. »

Les sujets des dernières sessions étaient les suivants
• Session 2016 : « Les communes conservent-elles une utilité ? »
• Session 2014 : « Management, performance, qualité, modernisation : la distinction entre gestion des collectivités territoriales et gestion des entreprises vous paraît-elle pertinente ? »
• Session 2012 : « Le rôle des collectivités territoriales face aux inégalités socioéconomiques. »
• Session 2011 : « Les collectivités territoriales face à la mobilité des hommes et des activités. »
• Session 2010 : « L'initiative privée est-elle indispensable aux collectivités territoriales dans la conduite de l'action publique ? »

Comprendre le sujet

La première étape pour tout candidat est de bien comprendre le sujet : de cette exacte compréhension dépendra la réussite du devoir. Prenez donc le temps de bien lire le sujet. Chaque mot, adjectif, verbe, temps de conjugaison ou signe de ponctuation a son importance. Tous ces éléments seront utiles, notamment pour délimiter le sujet. *Exemple :* un sujet de composition portant sur « la pauvreté » et un autre sujet sur « la pauvreté de nos jours » n'auront pas exactement le même sens. Le premier sujet sous-entend une évolution historique, tandis que le second se contente d'une approche actuelle.

Une lecture complète et répétée du sujet vous conduira à en comprendre le sens exact et, donc, à ne risquer de traiter une partie seulement du sujet ou de rédiger un devoir hors sujet. *Exemple :* le sujet « Comment expliquez-vous la popularité actuelle de certains sports de haut niveau ? Quelles réflexions vous inspirent ce phénomène ? » ne concerne que la popularité actuelle des sportifs de haut niveau. Un devoir qui traiterait du sport de haut niveau, de la compétition, de l'argent dans le sport, des blessures des sportifs... sans les relier à la question centrale de la popularité des sports de haut niveau serait un devoir hors sujet.

Définir la problématique du sujet

On attend d'un candidat qu'il réfléchisse au problème posé dans le sujet. En aucun cas il ne s'agit d'un devoir où le candidat récite ses connaissances sur un sujet donné. Dans une composition, vous devez être à même de saisir les enjeux et implications du sujet. Lorsque le sujet pose une question, il est plus facile de cerner sa problématique (le problème posé par le sujet). *Exemple :* le sujet « Les jeux vidéo, loisir ou fléau ? » demande clairement au candidat de réfléchir à la nature des jeux vidéo et à leurs conséquences chez ceux qui les pratiquent. En aucun cas le candidat ne s'exercera à une description exhaustive des jeux vidéo qu'il connaît, mais il devra se livrer à une réflexion à leur propos.

Le libellé du sujet peut également poser clairement sa propre problématique. *Exemple :* « L'automobile : facteur de progrès et cause de nuisances. »

Dans l'hypothèse, plutôt rare, où le libellé du sujet ne définit pas explicitement la problématique, il vous appartiendra de la cerner par vous-même. Le plus simple est de réfléchir aux implications du sujet et de vous demander quelles sont les questions les plus importantes liées au sujet (positif ou négatif, progrès ou recul...).

Réfléchir aux idées

Une fois que le sujet est bien compris et que sa problématique vous apparaît clairement, il vous faut réfléchir aux idées que vous allez inclure dans votre devoir. Ces idées proviendront à la fois de votre réflexion personnelle autour du sujet, de faits d'actualité, de vos connaissances et de votre expérience personnelle.

Le plus simple, dans un premier temps, est d'inscrire au brouillon les idées telles qu'elles vous viennent à l'esprit. Dressez une liste de ces idées, que vous ordonnerez ensuite afin d'organiser votre développement en deux parties distinctes. Lorsque vous réfléchissez aux idées, remettez-les toujours en rapport avec la problématique du sujet : vous éviterez ainsi un risque de hors sujet et il sera plus facile pour vous d'organiser votre devoir. *Exemple :* dans le cas du sujet « La conduite au volant : une démarche de liberté individuelle ou la stricte observation des règlements ? », faites deux colonnes. Dans une colonne « Démarche de liberté individuelle », listez toutes les idées en rapport avec cette notion. Faites de même pour la notion de « Stricte observation des règlements ».

Bâtir un plan

Le plus simple est de suivre l'architecture suivante : une introduction, un développement en deux parties distinctes et une conclusion. Sauf si vous manifestez des dispositions particulières et reconnues en la matière, nous vous déconseillons les plans en trois parties.

Préférez toujours les plans simples. Le plan peut être suggéré par le libellé du sujet. *Exemple :* le sujet « L'automobile : facteur de progrès et cause de nuisances » suggère une partie portant sur l'automobile comme facteur de progrès et une autre partie relative à l'automobile perçue comme cause de nuisance.

Pour les autres sujets, choisissez des articulations simples : Pour/Contre, Avantages/Inconvénients, Problème/Solution, Causes/Conséquences, Oui/Non... *Exemple :* pour le sujet « Peut-on dire qu'en ce début de XXIe siècle la vie moderne favorise les contacts entre les hommes ? », la première partie peut être consacrée au développement de l'idée selon laquelle la vie moderne favorise peu la vie entre les hommes. La seconde partie traitera alors du fait que la vie moderne peut favoriser les contacts entre les hommes. *Exemple :* pour le sujet « Les émissions télévisuelles de divertissement s'orientent vers un genre nouveau : la téléréalité. Que vous inspire son développement ? », une partie sera consacrée aux aspects positifs de la téléréalité et une autre à ses aspects négatifs.

Dans l'articulation des deux parties, essayez de finir votre devoir sur une note positive. Donc les aspects positifs seront toujours abordés dans la seconde partie du développement. *Exemple :* dans le sujet « L'automobile : facteur de progrès et cause de nuisances », la seconde partie du développement portera sur l'automobile en tant que facteur de progrès.

Une fois le plan arrêté, faites un tableau au brouillon en dressant deux colonnes qui seront chacune des deux parties du plan. Inscrivez dans chaque colonne les idées que vous allez développer dans chacune des parties. Pour organiser les idées entre elles, tenez compte de la clarté de votre raisonnement, de la logique du sujet ou de sa chronologie. Cette organisation du développement est importante car vous serez noté en fonction de la clarté de votre raisonnement et de votre capacité à argumenter.

L'architecture du devoir et la présentation de la copie

Les attentes des correcteurs sont rappelées dans les termes de la note de cadrage national : « *La composition se rattache à la famille des épreuves de dissertation. Aussi comprend-elle une introduction comportant une entrée en matière, une contextualisation du sujet, une problématique et une annonce de plan.*

Le développement compte nécessairement plusieurs parties. Le plan n'est pas matérialisé (pas de numérotation des parties ou sous-parties dans l'annonce de plan, pas de titrage ni de numérotation des parties, sous-parties et paragraphes dans le développement). La matérialisation du plan serait jugée comme une maladresse. En revanche, le plan est rendu apparent par une utilisation cohérente des sauts et des retraits de lignes. La composition comporte une conclusion.

La composition doit être intégralement rédigée (pas de style télégraphique, "prise de notes") : l'exigence (orthographe, syntaxe) est la même qu'en composition ou dissertation de culture générale. La qualité du style joue un rôle déterminant dans l'évaluation de la composition par les correcteurs. »

Rédiger l'introduction

Contrairement au développement, il est utile de rédiger votre introduction au brouillon. C'est elle qui va donner une première impression au correcteur quant à votre devoir. La première phrase de l'introduction amènera le sujet. Vous pouvez amener le sujet au moyen, par exemple, d'un fait concret, d'un événement de l'actualité ou d'une citation. Ensuite, vous devrez problématiser le sujet.

En quelques phrases, vous démontrerez quel est l'intérêt du sujet, quelles sont ses implications et quels aspects contradictoires il peut présenter. Enfin, vous annoncerez votre plan.

Rédiger le développement

Lors de la rédaction du devoir, utilisez le plan détaillé sous forme de tableau que vous avez établi précédemment. S'il est convenablement établi, la rédaction des deux parties du développement sera relativement aisée.

Pour ne pas rester trop théorique, veillez à appuyer chaque idée par un ou plusieurs exemples concrets. Lorsque vous évoquez des faits précis, essayez de les rattacher à une idée générale afin d'établir une argumentation claire et solide. À la fin de chaque partie, faites une synthèse de votre développement. Partez toujours des idées pour aller aux exemples ou aux faits concrets. Dans votre argumentation, restez toujours nuancé, même s'il vous appartient de défendre vos arguments et positions. Dans le même ordre d'idée, tenez-vous à l'écart des opinions polémiques.

Lors de la rédaction proprement dite, faites un nouveau paragraphe chaque fois que vous passez à une idée nouvelle. Soignez les transitions entre les différentes idées et parties du développement. Ne rédigez pas des phrases trop longues. De même, sautez des lignes entre les deux différentes parties du devoir (introduction, les deux parties du développement et la conclusion). Il est inutile de faire apparaître formellement le plan (I/II) dans votre devoir.

Rédiger la conclusion

La conclusion sera généralement assez courte. Elle comportera une synthèse en quelques phrases des deux parties du développement. Ces quelques phrases doivent constituer votre réponse à la question posée par le sujet. De plus, il est souhaitable de faire une ouverture en reprenant le problème posé par le sujet en l'incluant dans une perspective plus large.

Gérer le temps de l'épreuve

La gestion du temps est un aspect essentiel de la réussite de l'épreuve. Elle dure 3 heures et les brouillons ne sont pas corrigés. Donc vous devez vous exercer au préalable en respectant les conditions du concours.

Nous pouvons vous indiquer le découpage suivant :
- lecture et compréhension du sujet : 10 minutes ;
- définition de la problématique : 10 minutes ;
- construction du plan détaillé : 1 heure 20 minutes ;
- rédaction de l'introduction au brouillon : 10 minutes ;
- rédaction du devoir sur la copie du concours : 2 heures ;
- relecture : 10 minutes.

Naturellement, ce planning n'est qu'indicatif. Toutefois, nous vous recommandons fortement de toujours garder du temps avant la fin de l'épreuve afin de vous relire. De même, il est inutile de rédiger tout votre devoir au brouillon : vous perdrez trop de temps. Ne rédigez au brouillon que l'introduction et, éventuellement, la conclusion.

Améliorer sa maîtrise de la langue française

Pour enrichir votre vocabulaire, le meilleur conseil à vous donner est de lire régulièrement et de rechercher systématiquement dans le dictionnaire le sens des mots que vous ne connaissez pas. Dans vos lectures, privilégiez les auteurs classiques (Flaubert, Stendhal, Balzac, Hugo…) ou les auteurs contemporains dont la qualité du style est indéniable (Déon, Morand, Blondin, Nimier…). Vous pouvez également tenir un carnet dans lequel vous inscrirez, au jour le jour, les mots nouveaux que vous apprenez.

Afin de vous évaluer en orthographe, nous vous suggérons de vous faire dicter un texte d'une trentaine de lignes venant, par exemple, d'un livre ou d'un article de journal. Ensuite, vous comparerez votre copie avec le texte original. Si votre copie comporte plus de dix fautes, il est essentiel pour vous de faire des progrès en orthographe. Pour vous entraîner en orthographe, le plus simple est de faire régulièrement des dictées, ou bien encore de s'exercer grâce à un manuel scolaire reprenant à la fois des dictées et des règles de grammaire et d'orthographe.

Lorsque vous constatez que vous faites une faute d'orthographe ou de grammaire, apprenez systématiquement la règle correspondante. Idéalement, notez sur un carnet sur les principales règles pour lesquelles vous faites des fautes. Enfin, n'oubliez pas que lire régulièrement permet de photographier l'orthographe des mots.

Apprendre à rédiger simplement et clairement

L'épreuve de composition n'implique pas spécialement un style littéraire très marqué chez le candidat. Il convient donc de toujours privilégier des phrases simples :
- une seule idée par phrase (si vous avez deux idées, faites deux phrases) ;
- une phrase est toujours construite selon l'architecture « un sujet/un verbe/un complément » ;
- si des phrases doivent être liées entre elles, utilisez les mots de liaison appropriés (*ensuite, donc, par conséquent, en premier/second lieu*...). Nous vous rappelons ci-après quelques mots de liaison appropriés pour exprimer une argumentation.

Utilité	Adverbes et locutions	Conjonctions de coordination	Conjonctions de subordination	Prépositions
Indiquer un ordre au sein d'une argumentation	En premier lieu, en second lieu Premièrement, deuxièmement D'une part, d'autre part D'abord, puis, ensuite, enfin...			
Introduire une idée nouvelle	D'ailleurs, ensuite, quant à, non seulement... mais encore, en outre, par ailleurs...	Et	Ainsi que, de même que...	
Fournir des justifications	Effectivement...	Car	Comme, sous prétexte que, puisque, étant donné que...	En raison de, grâce à, en effet...
Donner un exemple	Autrement dit, ainsi, notamment, par exemple, en d'autres termes, d'ailleurs...			

Utilité	Adverbes et locutions	Conjonctions de coordination	Conjonctions de subordination	Prépositions
Contredire une idée	Toutefois, néanmoins, pourtant, en revanche, au contraire, certes, cependant...	Mais, or	Tandis que, bien que, quoique, alors que, même si...	Malgré...
Indiquer une conséquence	Voilà pourquoi, c'est pourquoi, par conséquent, aussi, finalement, ainsi...	Et, donc	De façon que, si bien que, au point que, tellement... que...	
Indiquer un but			Afin que, de crainte que, pour que...	Dans le but de, pour, en vue de, afin que...
Indiquer une hypothèse	Au cas où, si, en admettant que, pourvu que, à condition que...			En cas de...
Faire un résumé ou conclure	En somme, bref, pour conclure, pour finir, en définitive, en conclusion, ainsi...	Donc		

Pour vous exercer à écrire de manière claire et fluide, vous pouvez vous relire à haute voix. Les lourdeurs de style et les fautes de syntaxe vous apparaîtront alors plus clairement (vous pouvez également faire relire votre copie par un proche, mais le mieux reste de se rendre compte par soi-même de ses erreurs).

Pour ne pas alourdir votre style, nous vous recommandons de ne pas commencer vos phrases par une conjonction de coordination (*mais*, *ou*, *et*, *donc*, *or*, *ni*, *car*) et n'employez pas à l'excès des propositions relatives (*que*, *qui*, *dont*...). N'employez que des mots dont vous connaissez le sens, notamment dans le domaine du vocabulaire juridique. Vous éviterez ainsi de faire des confusions préjudiciables.

De même, pour rendre votre devoir plus clair et agréable à lire, nous vous conseillons de varier votre vocabulaire. Un conseil simple à mettre en place : chaque fois que cela est possible, utilisez d'autres verbes que *faire*, *avoir* et *être*.

Enfin, nous vous rappelons les principales règles de ponctuation :
- une virgule ne sépare jamais un sujet et un verbe ;
- une virgule ne sépare jamais un verbe et ses compléments ;
- une virgule ne sépare jamais le nom et les compléments du nom ;
- pour une copie de concours, proscrivez les points d'exclamation ;
- les deux points s'emploient pour introduire une citation, une explication ou une énumération ;
- dans une copie de concours, n'utilisez les guillemets que pour rapporter une citation.

Présentation sa copie

Rien n'est plus désagréable pour un correcteur que d'avoir affaire à une copie illisible. Faites donc des efforts de présentation :
- écrivez à l'encre bleue ou noire, à l'exclusion de toute autre couleur ;
- ne faites pas de rature ;
- sautez des lignes entre les différents paragraphes et parties de votre devoir (une présentation aérée de votre devoir est toujours plus agréable) ;
- adoptez une écriture lisible, sans pattes de mouche ;
- faites attention aux ruptures d'anonymat (copie signée, utilisation de plusieurs couleurs, signes distinctifs...).

Le barème de correction

Selon la note de cadrage national, le barème de correction est le suivant.

« *A. Critères d'appréciation*
Une composition devrait obtenir la moyenne ou plus lorsqu'elle :
- *constitue une démonstration convaincante sous-tendue par un plan annoncé et suivi ;*
- *traduit la maîtrise des connaissances requises par le traitement du sujet ;*
- *est rédigée dans un style clair et précis.*
Une composition ne devrait pas obtenir la moyenne lorsqu'elle :
- *juxtapose des connaissances sans démonstration ;*
- *ou expose des idées sans lien avec le sujet à traiter ;*
- *ou traduit des connaissances approximatives et lacunaires ;*

- *ou est rédigée dans un style particulièrement incorrect ;*
- *ou est inachevée.*

B. Orthographe et syntaxe

L'évaluation du niveau de maîtrise de la langue dont le candidat aura fait preuve fait partie intégrante de la notation globale de la copie.

On distingue deux cas de figure :

- *les copies dans lesquelles les fautes d'orthographe et de syntaxe participent d'un défaut global d'expression. Ces copies ne sauraient, en tout état de cause, obtenir la moyenne : elles peuvent même se voir attribuer une note éliminatoire ;*
- *les copies qui, malgré quelques fautes d'orthographe, témoignent d'une maîtrise de la langue correcte. Un système de pénalités s'applique alors en fonction du nombre de fautes (à titre indicatif, le barème mis en œuvre par le CNFPT était le suivant : "2 points seront retirés au total de la note si la copie contient plus de 10 fautes"). »*

■ ANNALES 2016 DE L'ÉPREUVE DE COMPOSITION

Sujet

Les communes conservent-elles une utilité ?

Durée : 4 heures.

Proposition de correction

La proposition de correction ne saurait avoir valeur de corrigé-type. Sa présentation synthétique permet de mettre en relief les axes majeurs de la composition. Le plan est ici apparent pour mieux comprendre la structure du devoir, mais il n'est pas utile pour le jour du concours.

■ Analyse du sujet

L'ensemble des termes du sujet ne pose pas de difficulté particulière de compréhension.
Il implique de s'interroger sur le sens et l'opportunité de conserver l'échelon communal au sein des collectivités locales et en tant que cadre de politique publique.

■ Problématique

La modernisation de l'action publique et le développement des différentes structures intercommunales qu'ont mis en place les différents processus de décentralisation ont conduit à repenser la place de la commune.

Il conviendra donc de s'interroger sur le rôle politique et institutionnel dans la France actuelle, ainsi qu'à avancer certaines idées pouvant conduire à une nouvelle gouvernance locale.

■ Construction du plan

Au regard de la problématique induite par le sujet, le plan proposé sera le suivant :

I. La commune, unité de base de la démocratie locale et cadre de référence pour le citoyen

II. La commune face à la rationalisation de l'action publique

■ Rédaction

Introduction

La commune est une spécificité française, inscrite dans notre histoire et qui constitue un cadre de référence pour tous les Français. Elle est la plus ancienne collectivité territoriale et apparaît comme un cadre cohérent de gouvernance locale, notamment selon les principes d'efficacité et de subsidiarité.

Néanmoins, l'émiettement communal en près de 36 000 communes, la généralisation de l'intercommunalité et la modernisation de l'action publique conduisent à s'interroger sur la place de la commune dans la gouvernance locale. De même, entre les grandes villes attractives et les villages isolés, on assiste à une évolution à deux vitesses des communes.

En effet, si la commune reste l'unité de base de la démocratie locale et le cadre de référence pour le citoyen (I), elle est confrontée aux impératifs de rationalisation de l'action publique (II).

Développement

I. La commune, unité de base de la démocratie locale et cadre de référence pour le citoyen

a) La commune, unité de base de la démocratie locale

Dans un contexte de défiance croissante des citoyens (rejet de la classe politique traditionnelle, abstention électorale, ...), la commune reste un cadre privilégié d'exercice de la démocratie.

Cette démocratie de proximité s'exprime notamment par le caractère public des conseils municipaux, l'existence de conseils consultatifs (des jeunes, des aînés, de quartier, ...). Les budgets participatifs sont également des facteurs de rapprochement entre les citoyens et leurs représentants élus.

Le maire est par ailleurs responsable des listes électorales et du bon déroulement des opérations de vote.

Enfin, la possibilité de référendum décisionnel et la généralisation des échanges numériques (loi du 7 octobre 2016 pour République numérique).

b) La commune, cadre de référence pour le citoyen

Les enquêtes sociologiques et celles des organismes internationaux (OCDE, ...) traduisent toutes le besoin d'ancrage local des individus, notamment au sein d'une ville ou d'un village.

Cet attachement est étroitement lié à la notion de qualité de vie. Celle-ci est elle-même contingente de la présence de services publics décentralisés. En ce sens, le maintien des services publics en milieu rural et dans les quartiers pudiquement qualifiés de « sensibles » est l'un des axes majeurs de politiques territoriales sur le plan national et au niveau communautaire.

De même, il est important de rappeler ici le large domaine de compétence des communes : action sociale, écoles maternelles et primaires, accueil périscolaire et restauration scolaire, loisirs et culture, crèches, voirie, urbanisme...

Le maire dispose également de larges pouvoirs de police et ici aussi est identifié comme tel par le citoyen : il est chargé, sous le contrôle administratif du préfet, de la police municipale, de la police rurale ainsi que de l'exécution des actes de l'État qui y sont relatifs. À ce titre, le maire dispose de nombreux pouvoirs en matière de police administrative générale afin d'assurer la sécurité, la tranquillité publique et la salubrité des habitants de sa commune.

Le maire dispose en outre d'un important pouvoir de gestion et d'initiative au sein de sa commune, notamment en raison de sa légitimité démocratique. Des actions fortes en matière de laïcité, de sécurité, d'*open data*, de changements urbanistiques... peuvent être ainsi initiées localement. La fiscalité locale est l'autre levier permettant ces actions.

II. La commune face à la rationalisation de l'action publique

a) La montée en puissance de l'intercommunalité

La quête d'efficience et les contraintes budgétaires ont conduit à un développement très important des EPCI. Ce développement apparaît comme une solution aux problèmes récurrents de nombreuses communes : inégalités territoriales, désertification des zones rurales, accès difficile aux services publics.

La mutualisation apportée par les différents EPCI donne ainsi l'image d'une échelle pertinente de l'action publique, semblant à certains égards reléguer les communes au second plan. Les dernières évolutions de la décentralisation ont renforcé le poids de ces structures intercommunales, tant sur le plan du périmètre de leurs missions que sur celui de leur légitimité démocratique (élection des conseillers communautaires). Les métropoles incarnent pleinement la massification des structures intercommunales.

Cependant, il est utile de rappeler que les communes bénéficient d'une clause de compétence générale.

b) La place de la commune dans la gouvernance territoriale

Quels que soient les aléas auxquels elles sont confrontées (émiettement, restriction de la dotation globale de fonctionnement, déclin relatif au profit de structures intercommunales, ...), les communes restent un cadre privilégié des politiques publiques. Elles agissent dans un cadre global de gouvernance multipartenariale (avec les conseils départementaux et régionaux, l'État, voir les institutions européennes).

Parmi les illustrations cette place toujours réelle de la commune au sein des politiques publiques, il est possible d'évoquer l'ensemble de la politique de la ville (logements sociaux, contrats de ville, loi SRU, ...).

Conclusion

La conclusion peut être l'opportunité d'évoquer les perspectives d'avenir des communes (communes nouvelles et notamment la loi du 8 novembre 2016, ...), notamment afin qu'elles puissent continuer d'assurer les compétences de proximité au sein de politiques publiques plus globales.

L'avenir des communes françaises à moyen terme pourrait être dans des regroupements afin de mettre un terme à leur éparpillement et à la dilution de leurs moyens d'action.

En toute hypothèse, le rôle social, identitaire, culturel et administratif des communes ne saurait être remis en cause.

2| L'ÉPREUVE DE RÉDACTION DE NOTE

■ PRÉSENTATION DE L'ÉPREUVE DE RÉDACTION DE NOTE

L'épreuve de rédaction de note concerne les candidats au concours externe d'attaché territorial. Elle dure 4 heures et est affectée d'un coefficient 4.

L'épreuve comprend plusieurs spécialités :
• spécialité administration générale : la rédaction d'une note ayant pour objet de vérifier l'aptitude à l'analyse d'un dossier soulevant un problème d'organisation ou de gestion rencontré par une collectivité territoriale ;
• spécialité gestion du secteur sanitaire et social : la rédaction d'une note ayant pour objet de vérifier l'aptitude à l'analyse d'un dossier soulevant un problème sanitaire et social rencontré par une collectivité territoriale ;
• spécialité analyste : la rédaction d'une note ayant pour objet de vérifier l'aptitude à l'analyse d'un dossier portant sur la conception et la mise en place d'une application automatisée dans une collectivité territoriale ;
• spécialité animation : la rédaction d'une note ayant pour objet de vérifier l'aptitude à l'analyse d'un dossier relatif au secteur de l'animation dans une collectivité territoriale ;
• spécialité urbanisme et développement des territoires : la rédaction d'une note ayant pour objet de vérifier l'aptitude à l'analyse d'un dossier soulevant un problème d'urbanisme et de développement des territoires rencontré par une collectivité territoriale.

L'épreuve de rédaction de note appartient à la famille des épreuves sur dossier, dont font également partie la note de synthèse, la note administrative, la note avec propositions, le rapport...

La finalité de l'épreuve

La finalité de cette épreuve est d'obtenir une solution opérationnelle répondant à une situation professionnelle précise. L'aspect professionnel de cette épreuve est donc renforcé. Il s'agit de se rapprocher de la nature réelle du travail d'un attaché territorial et de prendre en compte ses évolutions.

Compte tenu de ce caractère concret, l'épreuve de rédaction de note implique chez les candidats des capacités de compréhension et d'analyse. En effet, il ne s'agit pas véritablement de vérifier leurs connaissances puisque les éléments utiles d'information sont en principe contenus dans le dossier.

Le jury s'attache ainsi à rechercher chez les candidats leur capacité à comprendre une demande hiérarchique et à fournir une réponse appropriée. Cette réponse doit notamment être présentée de manière intelligible et complète. L'esprit d'initiative, la clarté et la cohérence des propositions sont les principales qualités d'un bon devoir.

Ainsi, selon la note de cadrage nationale, la note rédigée par le candidat répond à un double objectif.

« A. Informer un destinataire à propos d'un problème rencontré par une collectivité

La note vise à informer rapidement et efficacement un destinataire – en général en position d'autorité hiérarchique – sur un enjeu qui fait l'objet d'interrogations au sein d'une collectivité territoriale ou d'un établissement, elle s'inscrit souvent dans un processus de prise de décision.

Il est attendu du candidat qu'il analyse dans sa note le ou les problème(s) posé(s) et les réponses possibles à ce(s) problème(s), en sélectionnant et hiérarchisant les informations contenues dans le dossier.

Le sujet exigera ainsi du candidat qu'il sache puiser dans le dossier les éléments nécessaires, le cas échéant, à une prise de décision. En aucun cas il ne devra utiliser d'éléments extérieurs au dossier.

Le sujet indique précisément au candidat la situation professionnelle dans laquelle la rédaction de la note prend place.

Cette mise en situation doit être exploitée pour satisfaire aux exigences formelles de présentation de la note (timbre, destinataire, objet...).

Elle donne surtout des indications sur le contexte de la note, auxquelles le candidat devra être attentif pour juger du degré de pertinence des informations contenues dans le dossier et de l'importance qu'il choisira de leur accorder afin de répondre au mieux à la commande.

Cette commande passée par le destinataire de la note en donne la ligne directrice, sans indiquer de plan à suivre.

B. Informer de façon fiable et structurée

Le destinataire est supposé ne pas connaître le sujet ni disposer du dossier, il n'a que la note pour s'informer et étayer sa réflexion, voire sa décision.

Aussi est-il exclu de restituer les informations de manière allusive ou de faire référence aux textes pour se dispenser d'en exprimer le contenu. Il n'est donc pas bienvenu de mentionner les références aux documents dans la note (document 1, document 2...). On considère que le dossier disparaît en tant que tel lors de la rédaction de la note : le candidat n'en conserve que les informations essentielles.

La note n'est pas un résumé des textes, il ne s'agit pas de présenter succinctement et successivement les documents du dossier.

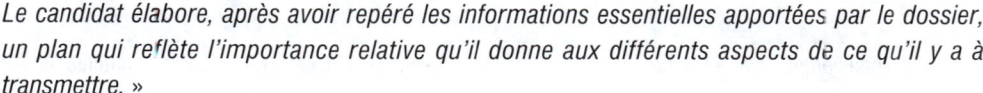
Le candidat élabore, après avoir repéré les informations essentielles apportées par le dossier, un plan qui reflète l'importance relative qu'il donne aux différents aspects de ce qu'il y a à transmettre. »

Le dossier remis aux candidats

Le dossier remis aux candidats ne pourra excéder une vingtaine de pages. Il est généralement composé de documents concrets : textes de loi, circulaires, notes d'application... Le nombre de documents du dossier est généralement compris entre deux et six. De manière générale, les documents sont des textes à vocation informative ou technique. En toute hypothèse, les textes soumis aux candidats ne poseront aucune difficulté quant à leur compréhension. Par ailleurs, certains documents peuvent être des tableaux, des statistiques, des dessins... Certains documents pourront d'ailleurs constituer des pièces jointes à la note que le candidat va rédiger.

Le candidat ne doit tenir compte que des éléments du dossier, mais il doit tous les prendre en considération : « *Le dossier, portant sur la spécialité choisie au moment de l'inscription, comprend une trentaine de pages.*
Il peut comporter des documents de nature (documents juridiques, documents officiels, articles de presse spécialisée ou non...) et de forme (textes, documents graphiques ou visuels...) variées dont le candidat doit mesurer l'importance relative.
Le candidat n'a pas, pour traiter le sujet, à faire appel à des données (connaissances, expériences, opinions) extérieures au dossier : toutes les informations dont il a besoin sont contenues dans celui-ci. L'utilisation d'informations qui ne figurent pas dans le dossier est pénalisable. L'expression fréquemment utilisée dans la commande de la note, "à l'aide des seuls documents joints", souligne cette exigence.
Le candidat ne doit négliger aucun élément du dossier : l'omission d'une information essentielle serait pénalisée.
Si les informations peuvent être redondantes d'un document à l'autre, aucun document n'est jamais totalement inutile, le dossier ne contenant pas de "document-piège". »

Les éléments d'appréciation d'une copie de concours

Il n'existe pas de barème quant à l'épreuve de rédaction de note. En revanche, il est possible de définir un certain nombre d'éléments d'appréciation quant au fond et à la forme d'une copie de concours.

Fond	Forme
• Compréhension du sujet à traiter	• Présentation visuelle (plan, parties, intitulés…)
• Analyse de la situation exposée	• Qualité de l'expression écrite (style, orthographe, syntaxe…)
• Cohérence et logique du raisonnement	• Présentation de la copie (timbre, destinataire, objet, signataire…)
• Qualité et pertinence des informations transmises	
• Intérêt des pièces annexes produites à l'appui du rapport (variable en fonction du sujet)	

Le jury s'attache ainsi à rechercher chez les candidats leur capacité à comprendre une demande hiérarchique et à fournir une réponse appropriée. Cette réponse doit notamment être présentée de manière intelligible et complète. L'esprit d'initiative, la clarté et la cohérence des propositions sont les principales qualités d'un bon devoir.

Le barème de notation

La note de cadrage diffusée par le centre de gestion du Rhône précise le barème général de notation.

« **A. Critères d'appréciation**
Une note devrait obtenir la moyenne ou plus lorsqu'elle :
• *constitue pour son destinataire un moyen d'information et, le cas échéant, d'aide à la décision fiable valorisant de manière objective les problématiques centrales du sujet ;*
• *reprend les informations essentielles des documents en les ordonnant autour d'un plan clair et structuré (introduction comprenant une annonce de plan, matérialisation des parties et sous-parties) ;*
• *est rédigée dans un style correct, s'appliquant à reformuler et non à recopier les informations.*
Une note ne devrait pas obtenir la moyenne lorsqu'elle :
• *expose de manière désordonnée et imprécise quelques éléments tirés du dossier, laissant apparaître une incapacité à discerner et valoriser l'essentiel ;*
• *ou s'avère impropre à valoriser les informations utiles pouvant aider à la décision ;*
• *ou ne constitue qu'une juxtaposition de résumés des documents du dossier ;*
• *ou est fondée sur des informations qui ne figurent pas dans le dossier ;*
• *ou est rédigée dans un style particulièrement incorrect, ou à partir de passages entièrement recopiés ;*
• *ou est inachevée.*

B. Orthographe, syntaxe

L'évaluation du niveau de maîtrise de la langue dont le candidat aura fait preuve fait partie intégrante de la notation globale de la copie.

On distingue deux cas de figure :

• les copies dans lesquelles les fautes d'orthographe et de syntaxe participent d'un défaut global d'expression. Ces copies ne sauraient, en tout état de cause, obtenir la moyenne ; elles peuvent même se voir attribuer une note éliminatoire ;

• les copies qui, malgré quelques fautes d'orthographe, témoignent d'une maîtrise de la langue correcte. Un système de pénalités s'applique alors en fonction du nombre de fautes (à titre indicatif, le barème mis en œuvre par le CNFPT était le suivant : "2 points seront retirés au total de la note si la copie contient plus de 10 fautes"). »

Les sujets précédents

À titre indicatif, les thèmes des sujets des dernières sessions étaient les suivants.

Spécialité administration générale

• Session 2016 : Les moyens pour une commune de continuer à investir et à financer de nouveaux projets dans le contexte de baisse des dotations de l'État
• Session 2014 : Les grands enjeux de l'intercommunalité
• Session 2012 : La mise en œuvre du principe de laïcité par les services publics d'une commune
• Session 2011 : Renforcer l'égalité professionnelle hommes-femmes dans la fonction publique territoriale
• Session 2010 : La mutualisation des moyens et personnels de la police municipale

Spécialité gestion du secteur sanitaire et social

• Session 2016 : La lutte contre la précarité énergétique
• Session 2014 : Les liens entre les collectivités territoriales et l'économie sociale et solidaire
• Session 2012 : La prévention des expulsions locatives
• Session 2011 : La mise en œuvre de l'analyse des besoins sociaux par un CCAS
• Session 2010 : La problématique de l'accueil du jeune enfant, du point de vue du département

Spécialité analyste

• Session 2016 : La mise en œuvre d'une solution d'authentification unique
• Session 2014 : L'utilisation des tablettes tactiles par les élus et les agents
• Session 2012 : La mise en place d'une plateforme de démarches en ligne
• Session 2011 : La sécurité des systèmes d'information d'une commune
• Session 2010 : La mise en œuvre d'un projet d'« informatique verte » dans une collectivité

Spécialité animation

- Session 2016 : La place des enfants et des jeunes dans l'espace public
- Session 2014 : La participation des habitants dans le cadre de la politique de la ville
- Session 2012 : Les actions de lutte contre le décrochage scolaire
- Session 2011 : Le développement de l'action éducative d'une commune, en partenariat avec l'Éducation nationale et les parents d'élèves
- Session 2010 : La mise en place par un département d'un dispositif incitatif aux pratiques culturelles et sportives des jeunes

Spécialité urbanisme et développement des territoires

- Session 2016 : La trame verte et bleue
- Session 2014 : Les enjeux du PLU intercommunal
- Session 2012 : Les récentes évolutions en matière de financement de l'aménagement pour une communauté d'agglomération
- Session 2011 : Les impacts de la loi engagement national pour l'environnement (ENE) du 12 juillet 2010 pour la révision d'un plan local d'urbanisme (PLU)
- Session 2010 : Le projet d'implantation d'une centrale photovoltaïque au sol sur le territoire d'une commune

■ SE PRÉPARER À L'ÉPREUVE DE RÉDACTION DE NOTE

Vous trouverez ci-après une présentation de la méthodologie de l'épreuve de rédaction de note. Si vous souhaitez approfondir votre préparation à cette épreuve, vous pouvez vous reporter au manuel *Note administrative, note opérationnelle* (Éditions Studyrama).

Méthodologie de l'épreuve

■ Les étapes du devoir

Schématiquement, il est possible de dissocier six étapes dans l'élaboration du devoir :
- lecture et compréhension du sujet ;
- définition de la problématique et mise en place des idées ;
- construction du plan détaillé ;
- rédaction de l'introduction au brouillon ;
- rédaction du devoir sur la copie du concours ;
- relecture.

■ **La lecture et la compréhension du sujet**

Première étape du devoir, la compréhension du sujet est essentielle. Si vous comprenez convenablement le dossier, vous ne risquez pas de faire un devoir hors sujet ou bien un devoir incomplet. C'est pour cela qu'il vous faut prendre le temps de bien lire le sujet du concours. Compte tenu du caractère concret et professionnel de l'épreuve de rédaction de note, certains éléments du sujet présentent une importance particulière :
• l'objet de la note à rédiger (quel travail vous demande-t-on ?) ;
• votre mise en situation éventuelle : en fonction du libellé du sujet, vous pouvez être amené à occuper telle ou telle responsabilité d'attaché territorial. Cette indication doit permettre de définir la tonalité de la note (instruction, proposition, conseil...) et de trouver quelques éléments de formalisme (destinataire, intitulé du service...) ;
• l'indication éventuelle du plan : bien souvent, le libellé du sujet indique de manière claire le plan de la note (exemple : « Après avoir analysé la situation actuelle, vous fournirez quelques éléments de proposition »...) ;
• la longueur requise de la note : elle est généralement indiquée. Dans le cas contraire, on peut considérer que quatre à six pages constituent une longueur satisfaisante.

■ **Le survol rapide du dossier**

La liste des différents éléments du dossier permet d'en cerner le contenu général : textes de loi, documents techniques, tableaux de statistiques, articles de journaux... En « lisant en diagonale » les documents du dossier, vous pourrez vous imprégner du dossier et commencer à distinguer la problématique de votre note. Pour cela, prenez les documents dans l'ordre, ne lisez que ce qui apparaît à première vue de manière distincte (les titres, ce qui est souligné en gras, les résumés, les conclusions...). Lors de cette lecture, tâchez de faire le lien avec le sujet afin de commencer à préparer votre rapport dans votre esprit. De même, lors de ce survol rapide, vous pourrez distinguer entre les documents ceux qui présentent le plus d'importance et ceux en ont moins.

■ **La lecture complète du dossier**

En ayant préalablement identifié les documents les plus importants du dossier, vous pourrez gagner du temps lors de la lecture complète du dossier. Attardez-vous sur les documents les plus importants et passez rapidement sur ceux qui le sont moins. N'hésitez pas à barrer les documents, parties ou paragraphes qui n'ont aucun lien avec le sujet ou qui sont redondants.

Votre manière de lire devra s'adapter aux différents types de documents pouvant figurer dans le dossier.

Type de document	Type de lecture préconisé
Documents techniques	• Veiller à l'aspect obligatoire de telle ou telle norme • Toujours relier le document technique à la problématique définie dans le sujet • Surligner les parties les plus importantes pour les reprendre ensuite dans votre rapport
Documents juridiques	• Bien vérifier les dates et ne pas perdre de temps sur des dispositions devenues obsolètes • Faire attention à la hiérarchie des normes juridiques (exemples : le décret est supérieur à la circulaire, le décret est inférieur à la loi...)
Statistiques et chiffres	• Faire attention à l'intitulé des tableaux et documents • Saisir l'idée générale du document (évolution importante, baisse, augmentation, éparpillement...) et la relier à une idée importante venant d'un autre document
Rapports officiels	• Être conscient que le rapport n'exprime que l'avis de son auteur • Être attentif à la conclusion et aux propositions faites
Articles de presse	Veiller à conserver un regard critique en raison de la partialité éventuelle de l'article de presse

Votre lecture peut s'accompagner d'un surlignage éventuel des documents, mais, en toute hypothèse, une prise de notes reste indispensable pour organiser vos idées et votre devoir. Pour une prise de notes efficace, nous vous indiquons les recommandations suivantes :

• ne notez que les éléments importants des documents, sans chercher à résumer le document dans son ensemble ;

• utilisez le style télégraphique afin de gagner du temps ;

• ne perdez pas non plus de temps en notant plusieurs fois la même idée. De même, ne recopiez pas des passages entiers du texte : faites une mention manuscrite en marge ;

• au fur et à mesure de votre prise de notes, essayez d'établir des liens entre les idées et informations issues des différents documents ;

• portez une attention particulière aux introductions et conclusions des documents ;

• en toute hypothèse, limitez votre prise de notes : quatre pages de notes constituent réellement un maximum.

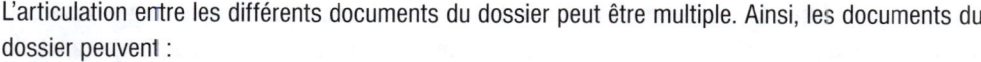

L'articulation entre les différents documents du dossier peut être multiple. Ainsi, les documents du dossier peuvent :
- se compléter : l'idée essentielle d'un document peut se poursuivre dans un autre document ;
- se confirmer : l'idée essentielle d'un document figure également dans un autre document ;
- s'opposer : les idées de plusieurs documents peuvent se contredire, en tout ou en partie.

■ Élaboration du plan

Sur le plan formel, on peut distinguer trois parties dans la note.

Partie	Contenu
Introduction	• Présentation du sujet traité • Problématique (thème de la note) • Annonce du plan
Développement	• Première partie (avec sous-parties éventuelles) • Deuxième partie (avec sous-parties éventuelles) • Troisième partie éventuelle
Conclusion	• La conclusion reste éventuelle • Rappel des idées essentielles et des propositions éventuelles

Schématiquement, le devoir doit comporter deux ou trois parties, éventuellement accompagnées de pièces annexes. Le libellé du sujet, en vous indiquant les points à traiter (exemple : « Après avoir analysé les difficultés suscitées par la situation actuelle, vous proposerez des améliorations possibles »), vous suggérera le plan à adopter. En reprenant les points à traiter, définissez ainsi vos différentes parties. Puis utilisez les éléments pris en note et ceux que vous avez gardés à l'esprit afin de compléter les parties en répondant aux demandes figurant dans le libellé du sujet.

Préférez les plans simples et clairs :
- le plan doit répondre à la « commande » passée dans le sujet ;
- préférez les plans simples et concrets : causes/conséquences, problèmes/solutions, analyse/propositions, avant/maintenant/perspectives... ;
- les intitulés des parties et sous-parties doivent être courts ;
- le plan doit être structuré de manière logique.

Gardez bien à l'esprit la finalité professionnelle de l'épreuve de rédaction de note : votre copie doit répondre de manière précise et concrète à une problématique donnée. Au cours de l'élaboration du plan, portez une attention particulière à la rédaction des titres des parties et sous-parties : ils doivent être courts, précis et reliés de manière logique.

La note de cadrage national est très précise quant à la structure de la note : « *La note doit comporter une introduction d'une vingtaine de lignes, qui s'apparente à celle d'une composition ou dissertation (entrée en matière, reformulation du sujet, présentation de la problématique dans son contexte) et doit impérativement comprendre une annonce de plan.*
Le développement est organisé en parties et en sous-parties. Le plan est impérativement matérialisé par des titres comportant des numérotations en début des parties et sous-parties.
La conclusion est facultative. Si le candidat souhaite conclure, il doit le faire brièvement, sans jamais valoriser des informations oubliées.

La note doit être intégralement rédigée (pas de style télégraphique, "prise de notes").
Le niveau attendu en matière de maîtrise de la langue (orthographe, syntaxe) est le même qu'en composition ou dissertation.
Le style doit être neutre, sobre, précis. La note a pour vocation première d'informer le destinataire avec efficacité.
Le candidat doit restituer les informations par un travail de reformulation. Il ne peut se contenter de recopier intégralement des parties de textes. Les citations directes doivent être réservées aux seuls extraits succincts de textes juridiques, documents officiels, prises de position éclairantes de personnalités qualifiées ou réflexions de "grands auteurs".
La note doit être concise : 5 à 6 pages sont nécessaires et suffisantes. »

■ **Présentation du devoir**

Pour présenter votre devoir, nous vous conseillons la présentation suivante.

Ministère/Collectivité locale/Établissement public/...

Lieu, date

Timbre (service chargé de rédiger le rapport)
Affaire suivie par (attention aux ruptures d'anonymat : n'indiquez pas votre nom réel)

Rapport à l'intention de...
(nom du responsable hiérarchique destinataire de la note ou du rapport)

Objet (objet de la note ou du rapport, doit être court)
Références (se reporter au sujet pour y trouver des références éventuelles)
Pièces jointes (éventuelles)

TEXTE

Introduction

Première partie : titre
Phrases introductives
a) Sous-partie
b) Sous-partie
Conclusion partielle et transition

Deuxième partie : titre
Phrases introductives
a) Sous-partie
b) Sous-partie
Conclusion partielle et transition

Troisième partie éventuelle

Conclusion éventuelle

Fonction
Signature
Nom et prénom
(attention aux ruptures d'anonymat)

Dans la présentation du dossier, sautez des lignes pour aérer votre devoir et faciliter sa lecture. De même, veillez à écrire lisiblement et n'oubliez pas que les brouillons ne seront jamais corrigés.

■ Rédaction du devoir

Ne rédigez au brouillon que l'introduction et éventuellement la conclusion, mais en aucun cas tout votre devoir car vous perdriez trop de temps. Si votre travail préparatoire de lecture du dossier, de prise de notes et d'élaboration du plan a été convenablement effectué, la rédaction du devoir ne doit pas vous poser de difficultés particulières :
• vous suivrez le plan, qui guidera votre pensée ;
• les notes prises éviteront d'avoir à consulter le dossier, à l'exception des renvois éventuels ;
• ne conservez que les éléments réellement importants ;
• il est inutile de citer tous les documents ;
• faites des transitions entre les parties différentes et des phrases introductives (« chapeaux ») au début de chaque partie ;
• la dernière partie est souvent celle qui contient des propositions. Elle ne doit donc pas être négligée, même si le temps semble manquer.

■ Rédaction de l'introduction

L'introduction est une étape essentielle du devoir dans la mesure où elle doit susciter immédiatement l'intérêt du lecteur et lui faire comprendre quelle est la problématique qui sera traitée. L'introduction sera nécessairement brève, précise, et ne commencera pas à traiter le fond du dossier. L'introduction comprend plusieurs éléments essentiels :
• situer le sujet dans son contexte (la « commande » passée dans le sujet du devoir) ;
• les enjeux du sujet et les faits qui ont motivé la note ;
• la définition de la problématique de la note ;
• l'annonce claire du plan (en évitant les lourdeurs de style telles que : « Dans une première partie, nous verrons que... », préférez un mode neutre : « La présente note développera..., puis exposera... »).

■ Rédaction du développement

Le développement est le « cœur » de votre note : vous y exposerez vos analyses et vos propositions. Il existe quelques règles simples à respecter afin d'argumenter de manière claire et précise :
• les phrases doivent être courtes (dans la partie suivante « Quelques conseils pour améliorer son style », nous vous indiquons quelques conseils utiles quant au style à adopter) ;
• dans votre argumentation, allez toujours du général au particulier ;

- de même, après avoir développé un argument, appuyez-le par des exemples concrets, des faits avérés, des chiffres... Le dossier doit vous fournir ces éléments, mais n'en faites pas un catalogue complet : les exemples ne sont mentionnés dans votre devoir que pour appuyer vos idées ;
- limitez votre argumentation à ce qui vous est expressément demandé dans le sujet ;
- si vous faites des propositions, ne soyez pas trop péremptoire dans vos jugements (ne dénigrez pas tel ou tel service ou personne) ;
- le conditionnel peut être employé de manière simple lorsque la note a pour but de proposer (exemple : « Le traitement de ces dossiers pourrait être envisagé de manière différente en... ») ;
- enfin, suivez fidèlement votre plan.

■ Rédaction de la conclusion

Une conclusion n'est pas obligatoire dans une épreuve de rédaction de note. La conclusion rappellera les idées essentielles de la note. Dans le cas d'une note assortie de propositions, la conclusion peut également insister sur telle ou telle proposition. Mais en aucun cas la conclusion ne doit apporter d'élément nouveau.

■ Relecture

La relecture est un passage obligatoire de tout devoir. Trop de devoirs comptent des fautes d'inattention, d'orthographe ou de syntaxe. En vous relisant, vous pourrez les corriger et éviter de perdre des points à cause de cela. En revanche, au cours de la relecture, ne réécrivez pas sur le fond votre note, et ne surchargez pas trop votre copie de ratures ou de correcteurs liquides.

■ Gestion du temps de l'épreuve

La gestion du temps est un aspect essentiel de la réussite de l'épreuve. Elle dure 4 heures et les brouillons ne sont pas corrigés. Donc vous devez vous exercer au préalable en respectant les conditions du concours. Nous pouvons vous indiquer le découpage suivant :
- lecture et compréhension du sujet : 10 minutes ;
- survol rapide du dossier puis lecture complète du dossier : 40 minutes ;
- élaboration du plan : 30 minutes ;
- rédaction du devoir sur la copie du concours : 2 heures 30 minutes ;
- relecture : 10 minutes.

Naturellement, ce planning n'est qu'indicatif. Toutefois, nous vous recommandons fortement de toujours garder du temps avant la fin de l'épreuve afin de vous relire. De même, il est inutile de rédiger tout votre devoir au brouillon : vous perdrez trop de temps.

■ Présentation de la copie

Rien n'est plus désagréable pour un correcteur que d'avoir affaire à une copie illisible. Faites donc des efforts de présentation :
- écrivez à l'encre bleue ou noire, à l'exclusion de toute autre couleur ;
- pas de rature ;
- sautez des lignes entre les différents paragraphes et parties de votre devoir (une présentation aérée de votre devoir est toujours plus agréable) ;
- adoptez une écriture lisible, sans pattes de mouche ;
- faites attention aux ruptures d'anonymat (copie signée, utilisation de plusieurs couleurs, signes distinctifs...).

Quelques conseils pour améliorer son style

Même si l'épreuve de rédaction de note n'implique pas la recherche d'un style littéraire chez les candidats, mais plutôt celle d'un style « administratif » (c'est-à-dire neutre et précis), il est important que votre devoir soit convenablement rédigé. À cette fin, nous vous indiquons quelques conseils.

■ Les caractéristiques du style administratif

Les administrations de l'État et les organismes publics ont recours à un certain type de langage professionnel, au sein duquel certaines tournures de phrases et expressions sont privilégiées. Portez donc une attention particulière au style des documents et courriers de l'administration dont vous pourriez avoir connaissance dans votre cadre professionnel ou privé.

L'administration française se définit avant tout par son organisation hiérarchique. Dans votre note, puisque vous êtes mis en situation professionnelle, le respect hiérarchique doit apparaître dans le choix de votre vocabulaire :
- un subordonné fait part, rend compte, informe, propose, sollicite, suggère, recommande...
- tandis qu'un supérieur ordonne, demande de rendre compte, engage, enjoint, donne pour instruction, souhaite avoir un point ou un bilan précis...

Veillez cependant à ne pas vous montrer trop directif (autoritarisme) ou bien trop « écrasé » par la hiérarchisation des rapports de travail (manque d'initiative et d'assurance).

L'administration se définit également par sa neutralité : elle est un service public et traite chacun dans un souci d'égalité. Les fonctionnaires appliquent la loi de manière objective, sans juger les individus ou les situations. Par conséquent, à aucun moment dans votre note ne doivent apparaître vos idées personnelles, vos jugements de valeur ou sentiments personnels.

La spécialisation constitue un autre trait majeur de l'administration française. Compte tenu de cette spécialisation, les informations, idées et propositions avancées doivent reposer sur des éléments précis : notes internes d'organisation, documents techniques, textes de loi, chiffres, expériences significatives...

Enfin, l'exigence de spécialisation et l'autorité reconnue à la puissance publique ne sont pas exclusives d'une certaine prudence. Les écrits engagent leurs auteurs et l'administration. Par conséquent, n'hésitez pas à recourir à l'emploi du conditionnel si vous n'êtes pas sûr d'un fait ou d'une information.

■ ANNALES 2016 DE NOTE ADMINISTRATIVE

Ce sujet est issu de la spécialité « administration générale », qui est choisie par la majorité des candidats. La méthodologie suivie dans la correction ci-dessous est valable pour l'ensemble des spécialités.

Sujet

Spécialité : administration générale

Épreuve d'admissibilité : rédaction d'une note ayant pour objet de vérifier l'aptitude à l'analyse d'un dossier soulevant un problème d'organisation ou de gestion rencontré par une collectivité territoriale.

Durée : 4 heures.
Coefficient : 4

■ Énoncé

Attaché territorial, vous êtes chargé(e) de mission auprès de la Directrice générale des services (DGS) de la commune d'Alpha (100 000 habitants). La commune s'interroge sur les moyens de continuer à investir et à financer de nouveaux projets dans le contexte de baisse des dotations de l'État.

Afin de présenter au Maire les choix possibles pour faire face à cette nouvelle donne budgétaire, la DGS vous demande de rédiger à son attention, exclusivement à l'aide des éléments du dossier, une note sur les leviers dont dispose la collectivité pour retrouver des marges de manœuvre.

■ Documents joints

• **Document n° 1 :** Les finances publiques locales – *Communiqué de presse de la Cour des Comptes* – 13 octobre 2015 – 2 pages.

• **Document n° 2 :** Investissements, faire mieux avec moins – Fabienne Proux – *La Gazette des communes* – 19 janvier 2015 – 6 pages.

• **Document n° 3 :** Les collectivités repensent leur politique tarifaire – Gaëlle Ginibrière – *La Gazette des communes* – 8 février 2016 – 3 pages.

• **Document n° 4 :** Finances locales – Concurrence entre banques, appel au marché obligataire, financements d'appoint : comment emprunter au mieux et optimiser ses ressources – Aurélien Hélias – *Le courrier des maires et des élus locaux* – février 2015 – 2 pages.

• **Document n° 5 :** Comment gagner des millions grâce aux subventions ? – Fabienne Proux – *La Gazette des communes* – 9 avril 2012 – 2 pages.

• **Document n° 6 :** Le patrimoine immobilier : un nouvel atout – Cédric Néau – *La Gazette des Communes* – 1er juin 2015 – 1 page.

• **Document n° 7 :** Les flottes publiques sur la voie de l'optimisation – *Le Monde* – 9 avril 2015 – 1 page.

• **Document n° 8 :** Masse salariale : à la recherche de la formule magique – *La Gazette des communes* – 24 mars 2014 – 5 pages.

• **Document n° 9 :** Culture : jouez sur toute la gamme des financements – Claire Chevrier et Hélène Girard – *La Gazette des communes* – 26 octobre 2015 – 6 pages.

• **Document n° 10 :** Le design au service des politiques publiques – Jean-Christophe Poirot – *La Lettre du cadre territorial* – 10 avril 2014 – 3 pages.

• **Document n° 11 :** Politiques publiques locales : osez l'évaluation ! (extrait) – Entretien avec François Mouterde – *La Gazette des Communes* – 22 février 2016 – 2 pages.

• **Document n° 12 :** Mécénat, taxes, *crowdfunding*, tarifs... les financements de complément – *Le Courrier des maires et des élus locaux* N° 0287 – 9 février 2015 – 1 page.

• **Document n° 13 :** Mutualisation : À Toulouse, la ville et l'interco affichent des économies – Fabienne Proux – *La Gazette des Communes* – 1er octobre 2012 – 2 pages.

Documents reproduits avec l'autorisation du CFC. Certains documents peuvent comporter des renvois à des notes ou à des documents non fournis car non indispensables à la compréhension du sujet.

À LIRE ATTENTIVEMENT AVANT DE TRAITER LE SUJET

• Vous ne devez faire apparaître aucun signe distinctif dans votre copie, ni votre nom ou un nom fictif, ni initiales, ni votre numéro de convocation, ni le nom de votre collectivité employeur, de la commune où vous résidez ou du lieu de la salle d'examen où vous composez, ni nom de collectivité fictif non indiqué dans le sujet, ni signature ou paraphe.

• Sauf consignes particulières figurant dans le sujet, vous devez impérativement utiliser une seule et même couleur non effaçable pour écrire et/ou souligner. Seule l'encre noire ou l'encre bleue est autorisée. L'utilisation de plus d'une couleur, d'une couleur non autorisée, d'un surligneur pourra être considérée comme un signe distinctif.

• Le non-respect des règles ci-dessus peut entraîner l'annulation de la copie par le jury.

• Les feuilles de brouillon ne sont en aucun cas prises en compte.

Dossier documentaire

Document n° 1 : Les finances publiques locales – *Communiqué de presse de la Cour des Comptes* – 13 octobre 2015 – 2 pages.

Les finances publiques locales

La Cour des comptes rend public, le 13 octobre 2015, un rapport sur les finances publiques locales, fruit d'un travail commun avec les chambres régionales des comptes, sur la situation financière et la gestion des collectivités territoriales et de leurs établissements publics. Les administrations publiques locales (Apul) représentent 20 % de la dépense et 9 % de la dette publiques. Elles sont concernées par le respect des engagements européens de la France en vue du redressement de ses comptes publics.

La nécessaire contribution des collectivités locales au redressement des comptes publics justifie une nouvelle gouvernance des finances publiques locales

En 2014, les Apul ont contribué au redressement des comptes publics grâce à la réduction de leur besoin de financement de 0,2 point de PIB, dû au recul de 9,8 % de leurs dépenses d'investissements, surtout sensible dans les communes et leurs groupements, où il a été accentué par un effet de cycle électoral.

Pour autant, l'année 2014 a été marquée par une nouvelle dégradation de la situation financière des collectivités locales. Pour la troisième année consécutive, leur épargne brute a diminué. Leur endettement s'est encore accru malgré la réduction de leur besoin de financement.

Ce constat confirme la nécessité d'améliorer la gouvernance des finances publiques locales par l'instauration d'un dialogue institutionnel entre l'État et les collectivités, ainsi que par le vote annuel d'une loi de financement des collectivités locales.

La dégradation des finances publiques locales en 2014 provient d'un effet de ciseaux entre dépenses et recettes de fonctionnement

L'année 2014 a été marquée par la première baisse (- 1,5 Md€) de la dotation globale de fonctionnement (DGF) versée par l'État aux collectivités locales. Cette baisse a cependant été atténuée pour les communes et plus que compensée, pour les départements et les régions, par la progression d'autres transferts financiers.

La dégradation de la situation financière des collectivités locales provient avant tout de la progression plus rapide de leurs dépenses de fonctionnement que de leurs recettes de fonctionnement. Si des efforts de gestion ont été constatés, ils n'ont pu compenser la vive croissance des dépenses de rémunération, notamment dans les communes et groupements intercommunaux. Cet effet de ciseau a été accentué par le ralentissement des recettes fiscales du bloc communal ou le recul de celles des régions, ainsi que par l'augmentation toujours très soutenue des dépenses sociales des départements.

À l'exception des départements, l'épargne brute des collectivités locales a diminué dans une proportion supérieure à la baisse de la DGF.

Quoique d'ampleur limitée en 2014, la baisse de la DGF a commencé à exercer une nouvelle contrainte financière sur la gestion locale, de façon différente selon les catégories de collectivités et au sein de chaque catégorie. Face à la baisse programmée de cette dotation de 10,75 Md€ de 2015 à 2017, les collectivités locales disposent de capacités d'adaptation très variables en fonction de la structure de leurs dépenses et de leurs recettes, ou de leur éventuelle fragilité financière. L'application d'une baisse uniforme de la DGF, au prorata des recettes des collectivités, ne paraît donc pas adaptée. Elle devrait être mise en œuvre selon une logique de péréquation plus affirmée, en fonction d'indicateurs représentatifs des niveaux de richesses et de charges des collectivités.

L'impact significatif des normes rend nécessaire d'améliorer l'évaluation de leur coût

L'impact des décisions prises au plan national est parfois mis en avant pour expliquer la progression des dépenses des collectivités locales. Dans quatre domaines étudiés par la Cour, l'impact budgétaire des normes atteint des montants significatifs, à l'échelle des finances locales, même s'il n'est pas le premier facteur explicatif de la progression des dépenses de fonctionnement. La Cour estime ainsi entre 30 % et 50 %, selon les communes, le coût de la réforme des rythmes scolaires resté à leur charge. Concernant les dépenses de personnel, la Cour estime en moyenne à 42 % en 2014 (soit environ 1 Md€) la part des augmentations dues aux mesures nationales. Cette part laisse une marge aux collectivités territoriales pour mieux maîtriser la croissance de leur masse salariale.

La Cour a également constaté que le dispositif d'évaluation du coût des normes est perfectible car il est complexe, pas toujours fiable et insuffisamment transparent. La Cour formule des recommandations pour l'améliorer et renforcer la portée des avis rendus par le Comité national d'évaluation des normes.

Une meilleure maîtrise des dépenses de fonctionnement et une sélectivité accrue des investissements sont indispensables

Les collectivités locales assurent 58 % de l'investissement public dont l'évolution est un enjeu à la fois macroéconomique et de développement local. Les perspectives d'évolution en 2015 des recettes des collectivités locales sont marquées par la baisse accrue de la DGF (- 3,4 M€), conduisant à la première réduction des transferts financiers de l'État (- 2 Md€), ainsi que par la hausse modérée de la fiscalité directe.

En conséquence, pour éviter une nouvelle dégradation de leur épargne brute, les collectivités locales devraient limiter la croissance de leurs dépenses de fonctionnement en 2015 à 0,7 % (contre 2,2 % en 2014).

Le recul de l'investissement local paraît devoir accompagner la baisse de la DGF jusqu'en 2017. Des marges de manœuvre s'offrent aux collectivités locales pour en limiter l'ampleur. D'une part, elles doivent s'engager dans une recherche plus systématique d'économies de fonctionnement, notamment en stabilisant l'évolution de leur masse salariale (gestion plus rigoureuse des effectifs, respect de la durée légale du travail, lutte contre l'absentéisme). D'autre part, la sélection des investissements locaux doit être renforcée, en généralisant leur programmation pluriannuelle et en introduisant l'évaluation de leur utilité socio-économique.

Conclusion et recommandations

L'un des enjeux de la meilleure implication des collectivités dans le redressement des comptes publics réside dans la capacité de l'État à conduire simultanément la baisse programmée de ses concours financiers et plusieurs réformes telles que la réforme territoriale et celle de la dotation globale de fonctionnement, qui vont affecter le modèle d'équilibre budgétaire des collectivités locales. La Cour formule 14 recommandations, à l'attention de l'État comme des collectivités territoriales.

Document n° 2 : Investissements, faire mieux avec moins – Fabienne Proux – *La Gazette des communes* **– 19 janvier 2015 – 6 pages.**

DOSSIER

Investissement : faire mieux avec moins

UN CONTEXTE INÉDIT

Économies. Fixée à 3,67 milliards d'euros par an pendant trois ans, la contribution des collectivités territoriales à l'effort national de réduction du déficit public fragilise les équilibres budgétaires locaux. Outre les économies sur la section de fonctionnement, les investissements font partie des variables d'ajustement les plus efficaces à court terme.

ARBITRER

Changer de modèle. Est-ce une sage décision pour redresser les finances publiques ou au contraire une option pénalisante pour les territoires ? De nombreux acteurs considèrent l'investissement public local comme une dépense utile à l'économie, à l'attractivité et à la préservation du patrimoine. À condition toutefois de revoir en profondeur le modèle.

S'ADAPTER

Pragmatisme et ingéniosité. En faisant preuve de pragmatisme, des élus locaux refusent de renoncer à équiper leurs territoires. Ils font appel à l'ingéniosité de leurs équipes pour trouver des solutions permettant d'optimiser les ressources. La faiblesse des taux d'intérêt devrait encourager le recours à l'emprunt. Bonne ou mauvaise nouvelle ?

À nouvelle donne financière, nouveau paradigme

Afin de pouvoir continuer à investir, les collectivités locales doivent adapter leur mode de fonctionnement à un contexte financier très contraint. Une révolution culturelle se profile.

La baisse inédite des dotations de l'État (11 milliards d'euros en trois ans) réduit mécaniquement l'épargne nette des collectivités territoriales, et donc leur capacité d'autofinancement des investissements. Comment, dans ce contexte très contraint, continuer à financer de nouveaux projets sans mettre en péril les équilibres financiers des budgets locaux ? « *Les collectivités présenteront probablement des ratios de gestion dégradés* », admet Jean-Sylvain Ruggiu, directeur « secteur public » à la Caisse d'épargne, qui estime que, « *dans ce contexte, les élus seront souvent amenés à faire des arbitrages* ».

49.1 % des élus locaux prévoient de réduire leurs dépenses d'investissement en 2015 du fait des contraintes budgétaires, révèle le premier baromètre des collectivités territoriales réalisé par « Le Moniteur » et la Fédération nationale des travaux publics[1]. Plus de la moitié (54.7 %) compenseront la baisse des dotations par un rééchelonnement de leurs projets sur une durée plus longue et 49.1 % des élus reporteront certains projets.

Transformer la contrainte en opportunité

Faire des choix, mais aussi faire évoluer les méthodes et bousculer les habitudes. Plus question « *d'être drogué à la dépense* », selon l'expression d'Yves Fréville, professeur émérite à l'université Rennes 1. « *Au lieu d'ajuster comme par le passé les recettes aux dépenses prévues, les élus doivent inverser le mécanisme* », prévient Jean-Luc Bœuf[2], directeur général des services de Quimper (63 400 hab., Finistère) et Quimper agglomération (8 communes, 87 000 hab.). Un avis partagé par Guy Gilbert, professeur émérite à l'École nationale supérieure de Cachan (lire ci-dessous).

Attention toutefois à « *ne pas procéder à des coupes budgétaires à l'aveugle* », alerte Antoinette Hastings-Marchadier, professeur de droit public à l'université de Bretagne sud. D'autant moins qu'un arrêt brutal des investissements risque de dégrader la valeur des actifs et de porter préjudice à l'attractivité des territoires, à l'instar de ce qui s'est produit en Allemagne, « *où les investissements ont été divisés par deux dans les communes pour financer les retraites* », rappelle Nicolas Portier, délégué général de l'Assemblée des communautés de France (ADCF). Certes, il faudra désormais « *faire avec moins de moyens* », convient ce dernier, « *mais jusqu'où aller ?* »

C'est tout l'enjeu des trois prochaines années. Au final, le challenge consiste à transformer la contrainte financière en opportunité pour qu'émergent des solutions innovantes et performantes, mais surtout à adapter plus finement les projets aux disponibilités financières des collectivités et aux besoins des territoires. L'ADCF invite à programmer avec plus de rigueur les dépenses d'équipement et à constamment « *évaluer leur utilité sociale* »[3]. Les démarches de prospective mériteraient d'être développées pour affiner la distinction entre exigence de renouvellement des équipements

---

1. Étude menée du 13 au 26 novembre 2014 auprès de 320 maires et élus locaux.
2. « Pouvoirs locaux », n° 102-III, octobre 2014.
3. « Assises de l'investissement : propositions pour un investissement public levier de croissance », note de l'ACDF, septembre 2014.

et besoin de déploiement de nouvelles infrastructures, tout en prenant mieux en compte les coûts de fonctionnement.

UNE RÉGULATION COHÉRENTE ENTRE RESSOURCES ET DÉPENSES

Le contrôle indirect de l'État sur la croissance des dépenses locales par la seule régulation de la ressource atteint ses limites. Difficile d'accentuer la baisse des dotations et d'étendre davantage le contrôle sur l'évolution des taux de fiscalité. « *Je ne vois pas non plus comment revenir à l'autorisation administrative de l'emprunt* », observe Guy Gilbert, professeur émérite à l'École nationale supérieure de Cachan.

Face à la progression des dépenses locales, il faut mettre en place « *une régulation cohérente entre ressources et dépenses* », afin de retrouver « *des marges de progrès en mesure d'améliorer la gouvernance des relations financières entre l'État et les collectivités* », assure Guy Gilbert.

Il préconise deux stratégies de coordination. L'une, « impérative », conduirait à revisiter le cadre comptable et les règles budgétaires imposés par les autorités centrales pour garantir une meilleure maîtrise des collectivités sur les choix de dépenses sans remettre en cause leur liberté de gestion. L'autre, « coopérative », consisterait à élaborer le cadre d'une négociation entre l'État et les collectivités sur les objectifs budgétaires.

L'emprunt, un levier limité

Un exercice auquel vient de se plier la région Bourgogne. Après avoir évalué le coût de fonctionnement de treize nouvelles rames de TER inscrites en autorisations de programme en novembre 2013 (pour un montant de 180 millions d'euros), elle a annulé cette acquisition au profit de la rénovation des trains Corail, estimée à 40 millions d'euros. « *Les trains Regio 2N coûteraient à la région 5,5 millions de plus par an en exploitation et en maintenance* », justifie la région.

La prospective doit aussi être financière afin d'évaluer les marges de manœuvre de la collectivité, ce qui nécessite « *d'investir dans les outils de la connaissance* », conseille l'ADCF. Celle-ci recommande la mise en œuvre de « *programmes pluriannuels d'investissement de territoire* » (PPIT), adossés au projet de territoire et au schéma de mutualisation. « *On ne peut plus penser les projets d'équipements importants (culturels, sportifs) à une dimension microterritoriale* », convient Antoinette Hastings-Marchadier, qui milite en faveur de l'obligation des PPI.

Certaines collectivités annoncent d'ores et déjà un recours accru à l'emprunt pour maintenir leurs investissements. Une option d'autant plus attrayante que les taux d'intérêt sont historiquement bas et la ressource abondante et diversifiée (banques commerciales, Caisse des dépôts, Banque européenne d'investissement, contrats de plan État-région, fonds européens). « *Ce levier est réel mais par définition limité*, avertit Jean-Sylvain Ruggiu, *et ne reste envisageable que pour les collectivités peu endettées.* »

Hiérarchisation des priorités

L'optimisation de la ressource ne passerait-elle pas par son fléchage sur des projets spécifiques, tels la transition énergétique ou le développement du très haut-débit, et sur des politiques publiques ciblées ? La Seine-Saint-Denis vient ainsi d'allouer près de 600 millions d'euros à son plan « ambition collèges 2020 » pour rénover 80 établissements et en construire 10 autres. « *Nous n'utiliserons plus de droits de tirage en matière d'investissement et privilégierons les investissements essentiels pour la collectivité, à savoir les collèges et la petite enfance* », explique Stéphane Troussel, président du conseil général.

Mais, *in fine*, en fonction de quels critères procéder à des arbitrages ? Faut-il s'interdire les équipements alourdissant les charges de fonctionnement, à l'instar de Cahors, prioriser le renouvellement du patrimoine, privilégier les investissements productifs ou miser sur le développement économique local ? Si la réponse se trouve dans un panachage de ces diverses options, Antoinette Hastings-Marchadier rappelle aussi que « *l'on ne peut plus penser à la hiérarchisation des priorités sans engager une réflexion sur la démocratie participative* ».

Promesses : Manuel Valls s'est engagé à maintenir les fonds de péréquation de la taxe profession-nelle, à créer un fonds de 100 millions pour le logement, à augmenter le taux de remboursement du fonds de compensation de la TVA et la dotation d'équipement des territoires ruraux.

La réforme territoriale apportera-t-elle plus de marges de manœuvre ?

« *La métropole génère efficacité et économies* », Benoît Quignon, DGS de la métropole de Lyon (59 communes, 1,32 million d'hab., Rhône)

« *La création de la métropole de Lyon permet d'optimiser toutes les politiques publiques. En matière d'action sociale, de développement économique et de logement, la réunion des compétences du département et de celles de la communauté urbaine permet une meilleure adéquation entre les ressources et les besoins. La gestion unifiée des voiries permettra de mettre en œuvre des processus de production plus efficaces. Les économies obtenues seront réinvesties dans la remise à niveau d'ouvrages d'art et de routes. De même, la création d'une chaîne des acteurs du logement générera plus de leviers pour augmenter les financements et orienter les investissements des bailleurs sociaux en fonction des besoins.* »

« *La commune nouvelle permet de rationaliser l'investissement* », Jean-Christophe Paquier, maire d'Écuelles (2 500 hab., Seine-et-Marne)

« *Les communes voisines d'Écuelles et de Moret-sur-Loing souhaitaient chacune construire une médiathèque : un équipement de 400 m² à 2 millions d'euros pour Moret-sur-Loing et* un autre de 200 m² à 1 million d'euros pour Ecuelles. J'ai proposé au maire de Moret-sur-Loing de ne bâtir qu'une seule médiathèque, ce qui a déclenché le regroupement de nos deux communes, depuis le 1er janvier 2015, au sein de la commune nouvelle d'Orvanne. Car cette opération nous a montré qu'il était possible de rationaliser nos investissements, puisque nous allons réaliser un équipement plus grand (500 m²) et moins cher (1,5 million). Nous profiterons en outre d'une subvention de la région Île-de-France qui finance les médiathèques des villes de plus de 5 000 habitants. »

« La fusion de nos régions ne modifiera pas la donne », Gaël L'Aot, directeur financier de la région Languedoc-Roussillon (2,78 millions d'hab.)

« La fusion des régions pourra générer des marges de manœuvre financières, mais elles dépendront de la situation de chaque territoire. La capacité d'investissement de la nouvelle entité née de la fusion des régions Languedoc-Roussillon et Midi-Pyrénées sera importante. Il s'agit ici de marier deux régions confrontées aux mêmes contraintes sur les recettes, très peu endettées, avec un niveau d'épargne élevé, et donc une capacité d'autofinancement des investissements importante. Elles bénéficient des mêmes possibilités de recours à l'emprunt et, qu'elles soient seules ou à deux, elles disposent d'une force de frappe identique pour lever des financements auprès de la Banque européenne d'investissement ou de la Caisse des dépôts. »

Déterminés et imaginatifs, les territoires s'adaptent

Malgré la contraction des ressources, certains élus locaux maintiennent leurs investissements, voire les augmentent. À charge pour leurs équipes de dégager de nouvelles marges de manœuvre.

Sans nul doute, les collectivités territoriales doivent faire face à une situation de rupture. « Nous changeons de paradigme », assure Christian Debiève, directeur général des services de Montélimar agglomération. « Je fais passer le message sur la nécessité de modifier les repères et d'évoluer d'un système autoritaire vers une responsabilité collective et éthique de la gestion du service public », explique-t-il.

De son côté, le maire de Cahors (20 000 hab., Lot), Jean-Marc Vayssouze-Faure, reconnaît que, souvent, de nouvelles infrastructures étaient construites alors que les anciennes étaient maintenues. « Les collectivités locales n'anticipaient pas non plus les coûts de fonctionnement d'un nouvel équipement, notamment les dépenses énergétiques. »

Un consensus se dégage sur le fait que les restrictions financières auxquelles les collectivités territoriales doivent faire face constituent un choc si violent qu'il va les contraindre à explorer des voies qu'elles n'auraient jamais envisagées par le passé. D'autant que la nécessité de maintenir un certain niveau d'équipement dans les territoires est brandie par de nombreux acteurs comme un facteur crucial d'attractivité et de soutien à l'économie locale. « *Il est peu probable qu'une entreprise vienne s'installer sur un territoire non équipé du très haut-débit* », met ainsi en garde Jean-Sylvain Ruggiu, directeur « secteur public » à la Caisse d'épargne.

« Une volonté politique »

Maurice Leroy, président du conseil général de Loir-et-Cher, se refuse à tout « renoncement ». S'il réduit ses investissements (45 millions d'euros en 2015 contre 52 millions en 2014), le département entend poursuivre les grands projets structurants, dont le développement du très haut-débit, et multiplie les mutualisations interdépartementales pour se donner les moyens de ses ambitions.

La nouvelle métropole de Lyon teste une application pour optimiser les déplacements. « *Cette solution permet, avec des coûts limités (7 millions d'euros dont une partie de cofinancements), de ne pas réaliser de très lourds investissements dans des infrastructures de transport (100 millions)* », explique Benoît Quignon, DGS de la métropole. « *Nous optimisons les capacités de déplacement à l'intérieur de l'agglomération en portant le taux d'utilisation de 93 % à 95 % sans augmenter les engorgements.* »

Paris mise plutôt sur l'effet amplificateur de l'investissement public. La ville a annoncé, pour ce mandat, un budget d'équipement en hausse : 10 milliards d'euros contre 9 milliards au cours du précédent mandat. « *Une volonté politique*, assure Julien Bargeton, adjoint à la maire de Paris, chargé des finances. *Nous estimons qu'environ 200 000 emplois sont concernés par notre plan d'investissement qui sera autofinancé aux deux tiers.* »

UNE PLATEFORME DE COFINANCEMENTS À PARIS

Pour financer ses investissements, la ville de Paris a créé fin 2014 une plateforme des cofinancements qui présentera une vision agrégée des ressources publiques disponibles (subventions régionales, CPER, fonds européens...). « *Le but est de professionnaliser la gestion de ces recettes et de s'assurer de leur bonne adéquation avec les projets éligibles* », explique Dominique Frentz, sous-directeur du budget. Paris veut aussi développer le mécénat et les souscriptions privées en matière culturelle et patrimoniale. Par exemple, le plan « églises », doté de 80 millions d'euros, doit servir d'effet de levier pour lever le même montant auprès du privé.

Flécher les financements ?

Dès lors, Paris mène de front baisse des dépenses de fonctionnement (- 130 millions d'euros à partir de 2015) et hausse des recettes (200 millions de cessions d'actifs par an), et accroît son recours à l'emprunt, tout en explorant de nouvelles pistes (lire l'encadré ci-dessus). « *Nous adaptons les financements en fonction des projets* », poursuit Julien Bargeton. En juillet 2014, la ville a souscrit un prêt de 128 millions d'euros auprès de la Banque européenne d'investissement (BEI) pour financer le prolongement du tramway. Une alternative réservée aux grandes collectivités et aux projets d'envergure.

« *La pertinence et la dimension de nos investissements nous permettent de bénéficier des enveloppes bonifiées de la Caisse des dépôts et de la BEI* », fait valoir Gaël L'Aot, directeur financier de la région Languedoc-Roussillon, « *car toutes deux financent non pas un besoin de financement mais des projets. Charge à ces derniers de correspondre aux stratégies privilégiées par l'Europe et par l'État français* ».

La région Languedoc-Roussillon pourvoit à 80 % de ses emprunts (38,5 % de ses investissements, 513,7 millions d'euros en 2015) de cette manière. « *En 2014, nous avons mobilisé 140 millions d'euros de la BEI aux meilleurs taux du marché (0,6 % en taux variable et 2 % en taux fixe sur trente ans)* », se félicite Gaël L'Aot.

De son côté, pour financer la rénovation énergétique de ses lycées, la région Pays de la Loire a souscrit deux prêts de 120 millions d'euros auprès de la Caisse des dépôts dans le cadre de l'enveloppe de 5 milliards attribuée à la transition énergétique. Le financement fléché sur des projets serait-il en passe de devenir la règle ? « *Non*, répond Jean-Sylvain Ruggiu, *l'emprunt globalisé fait partie intégrante du modèle financier du secteur public local.* »

L'alternative du crowdfunding : Pour boucler le budget de construction d'une école ou celui de la rénovation du beffroi, Yèbles (Seine-et-Marne) et Bergues (Nord) tentent le financement participatif. La première espère lever 40 000 euros auprès des particuliers et la seconde 1 million. « *Une alternative aux modes de financement classiques* », admet Marie-Aurore Houcke, avocat.

CA de Montélimar (Drôme) – 26 communes – 62 000 habitants
Calculer le coût de revient de chaque politique territoriale (Christian Deblève, DGS de Montélimar agglomération)

Montélimar agglomération s'est fixé comme priorité « la relance par l'investissement ».

À charge pour les agents de réduire le budget de fonctionnement de 1 % par an au cours du mandat. « *Notre originalité est d'avoir construit une organisation transversale au service d'un projet de territoire avec comme objectif l'optimisation de la gestion des dépenses et des recettes* », explique Christian Debième, DGS de l'agglomération drômoise. « *Raisonner en coûts de revient de chaque politique territoriale nous permet de mettre en lumière les coûts induits d'un équipement.* » La contribution horaire à la marge sur un coût variable (CHMCV) d'un agent a, par exemple, été fixée à 47 euros. Pour chaque nouveau projet, une fiche indique le montant de l'investissement, l'impact des recettes et des coûts induits sur cinq ans. Mais, prévient Christian Debième, « s'intéresser *aux coûts de revient requiert aussi de la méthode* ».

Loir-et-Cher – 331 700 habitants

Jouer sur tous les leviers de la mutualisation (Olivier de Brabois, DGS de conseil général du Loir-et-Cher.)

Le conseil général de Loir-et-Cher trouve des marges de manœuvre dans la mutualisation interdépartementale. La création d'une plateforme d'achats groupés (Approlys) en 2014 avec ses voisins du Loiret et d'Eure-et-Loir a dégagé 1 million d'euros d'économies.

Grâce à une ligne de trésorerie commune de 60 millions d'euros, « *nous avons gagné 30 000 euros via des marges en retrait de 105 points de base* », indique Olivier de Brabois, DGS du conseil général. En 2015, un appel d'offres commun pour des emprunts pourrait également générer de substantielles économies. Une bonne nouvelle car la collectivité devra emprunter davantage pour compenser la chute de 58 % de son épargne. Concernant le très haut-débit (1 million d'euros en 2015, puis 5 millions par an), le département s'est rapproché de l'Indre afin de profiter d'un bonus de 10 % du Fonds national pour la société numérique (+ 4 millions d'euros).

Chiffres-clés : 315 milliards d'euros : c'est le montant d'investissements publics et privés que doit générer le Fonds européen pour les investissements stratégiques, créé par la Commission européenne et garanti à hauteur de 16 milliards par l'UE et de 5 milliards par la BEI.

Ville et agglomération de Cahors (Lot) – 39 communes – 43 400 habitants

Faire porter le fonctionnement par des tiers (Jean-Marc Vayssouze-Faure, maire de Cahors et président de la CA du Grand Cahors.)

Jean-Marc Vayssouze-Faure, maire de Cahors et président de la communauté d'agglomération du Grand Cahors, l'assure : « *Nous ne ferons plus d'investissements qui généreront des dépenses de fonctionnement supplémentaires et nous privilégierons les réhabilitations.* » La ville et la CA ne financeront que des équipements dont les coûts de fonctionnement seront portés par des tiers. Ainsi, les charges de fonctionnement de l'auberge de jeunesse que projette de construire l'agglomération pourraient être assurées par la Fédération unie des auberges de jeunesse. De même, la ville privilégiera un multiplexe à une salle de théâtre car le premier génère moins de coûts. « *Nous réfléchissons aussi à des partenariats avec des aménageurs pour développer une zone d'habitations, et à des concessions publiques d'aménagement pour rénover et remettre sur le marché des logements* », ajoute Jean-Marc Vayssouze-Faure, qui recherche des opérateurs extérieurs au Lot capables « *d'investir à notre place sur le territoire* ».

« Il faut maintenir l'investissement public en s'endettant »

Pour Éric Heyer, directeur adjoint au département « analyse et prévision » de l'Observatoire français des conjonctures économiques (OFCE[4]), l'investissement public est efficace et sa diminution ne réduira pas le déficit public.

La stigmatisation de la dépense publique est-elle justifiée ?

Non, car il faut distinguer les dépenses sociales, élevées en France, des autres dépenses. Toutes dépenses publiques confondues, la France débourse 7 points de PIB de plus que la moyenne des autres pays de l'OCDE : 4 points sont liés à la retraite, 1 point aux dépenses militaires, 1 point au logement et 1 point à la politique familiale.
En revanche, hors dépenses sociales, la France occupe le dixième rang de l'OCDE en termes de dépenses publiques ramenées au PIB. Mais l'État ne s'attaque pas au problème à partir de ces données : il fixe comme objectif de réduire les dépenses de 50 milliards en trois ans, puis encore de 50 milliards les trois années suivantes, sans préciser sur quels postes agir.
En quoi cela impacte-t-il les collectivités locales ?
En rabotant leurs ressources de 11 milliards d'euros en trois ans, on ne distingue par la bonne dépense – notamment l'investissement – de la mauvaise, qui correspondrait à des doublons et à du gaspillage. Les collectivités risquent de geler leurs projets d'équipement. Or c'est la dernière des choses à faire dans le contexte actuel. Il aurait été préférable de demander aux collectivités de réduire certaines de leurs dépenses mais en sacralisant celles liées à l'investissement.

Cela ne serait-il pas en opposition avec l'objectif de l'État de réduire le déficit public ?

On ne résout pas le problème du déficit public en réduisant un poste qui est efficace économiquement. Le FMI révèle que l'investissement public a un effet multiplicateur de trois, ce qui signifie qu'un euro d'investissement public génère trois euros d'activité. Les prélèvements obligatoires s'élevant en moyenne à 50 points de PIB, l'État récupère 1,50 euro par euro investi. Inversement, la réduction d'un euro d'investissement public réduit les recettes de 1,50 euro et le déficit ne diminue pas. Aujourd'hui, réduire le déficit en réduisant l'investissement public est voué à l'échec. Les élus locaux ont raison de vouloir défendre l'investissement public.

---

4. Observatoire français des conjonctures économiques.

Comment peuvent-ils contourner ce contexte financier contraint ?

L'augmentation des taux d'imposition est possible mais impopulaire. Quant aux économies sur la section de fonctionnement, elles restent compliquées et ne produiront des effets que sur le long terme : ce levier n'est donc pas utilisable pour absorber la baisse des dotations sur les trois prochaines années.

Il reste par conséquent le recours à l'endettement, d'autant plus recommandé aujourd'hui compte tenu du faible niveau des taux d'intérêt et de la situation conjoncturelle. Il faut maintenir l'investissement en recourant à l'endettement.

Par ailleurs, on aura toujours besoin de l'endettement public pour la transition énergétique, le numérique, certaines infrastructures. On peut donc saisir l'opportunité de cette situation financière favorable afin de faire avancer ces investissements nécessaires pour l'avenir.

• **Document n° 3 : Les collectivités repensent leur politique tarifaire – Gaëlle Ginibrière –** *La Gazette des communes* **– 8 février 2016 – 3 pages.**

POURQUOI ?

La période se prête à repenser la tarification pour faire face aux contraintes budgétaires ou pour réformer en profondeur des grilles souvent complexes.

POUR QUI ?

Les communes sont particulièrement concernées par la tarification des services rendus aux familles, pour l'accueil des enfants ou la cantine scolaire.

COMMENT ?

Les recettes attendues ne doivent pas être le seul objectif poursuivi, la réflexion gagnant également à porter sur l'équité et la progressivité des tarifs appliqués.

Les collectivités repensent leur politique tarifaire

En septembre 2015, la révision des tarifs de restauration scolaire, des études surveillées ou d'autres accueils périscolaires n'est pas passée inaperçue. À Toulouse (458 300 hab.), les modestes, qui bénéficiaient jusque-là de la gratuité de la cantine scolaire, se sont vu demander 1,10 euro par repas. Compte tenu des difficultés financières de la ville, il était impossible à la nouvelle municipalité de conserver sa politique de gratuité pour les publics les plus pauvres. Dans le même temps, la hausse s'élevait à 75 % pour les plus aisés.

La baisse des dotations n'est évidemment pas étrangère à ces mesures, et les annonces se sont multipliées à la dernière rentrée scolaire, la première sur laquelle pouvaient agir les équipes élues en mars 2014. Dans les Hauts-de-Seine, la ville de Clamart (52 200 hab.) a décidé de relever les tarifs par repas de 7 centimes pour les familles aux revenus les plus faibles et de 1,22 euro pour les dernières tranches de revenus, soit respectivement 37 % et 40 % d'augmentation.

Faut-il financer les services publics en augmentant les tarifs payés par les usagers, comme à Toulouse ou à Clamart, ou par les impôts pesant sur l'ensemble des contribuables ? Dans les communes, l'arbitrage semble plutôt favorable à la première alternative, même si les deux solutions ne s'excluent pas, comme à Toulouse, où les impôts ont également enregistré une sévère hausse.

Démarche complexe

Mais faire évoluer les tarifs n'est pas forcément toujours aisé. À Metz (118 600 hab.), un premier travail de remise à plat de la tarification avait été réalisé il y a trois ans. Il consistait à comparer par activité et par service public (cimetières...) les tarifs pratiqués par la commune et d'autres collectivités. Ce *benchmark* avait permis de définir un tarif pivot, servant lui-même d'étalon pour éventuellement revoir les tarifs pratiqués par la commune.

Mais la démarche n'avait pas totalement abouti. Lors des deux derniers exercices budgétaires, ce sont les tarifs de la cantine et des activités périscolaires qui ont également été revus, à la hausse. Cinq tranches supplémentaires de quotient familial ont été introduites, afin de relever les tarifs payés par les familles les plus aisées. Par exemple, alors que les habitants de Metz déboursaient jusque-là, pour la restauration scolaire, entre 1,50 et 3,90 euros le repas, le tarif plafond atteint 5,75 euros depuis la rentrée 2015. Quant à l'accès à la piscine municipale, son prix d'entrée a progressé de 10 centimes (soit 3,3 %) pour les Messins au 1er janvier 2015 et de 2 euros (soit plus de 66 %) pour les habitants des autres communes, introduisant une distinction entre usagers qui n'existait pas jusqu'alors, mais qui se répand de plus en plus.

Reste qu'une augmentation des tarifs n'est pas toujours sans incidence sur le comportement des usagers. À Metz, la piscine aurait connu en 2015 une baisse de fréquentation, incitant un temps la commune à réfléchir sur la nécessité de revoir à nouveau les tarifs, ce qui n'a finalement pas été fait. « *La stratégie de tarification est à nuancer, selon que l'on a affaire à un service captif - par exemple la restauration scolaire, l'accueil du mercredi après-midi -, ou pas. Dans le second cas, si le taux d'effort devient trop important pour les familles, celles-ci risquent de renoncer au service* », commente Simon Godefroy, cofondateur de Citéxia, cabinet de conseil spécialisé dans les stratégies tarifaires des services publics des collectivités. À Clamart, la hausse des tarifs s'est accompagnée d'une baisse des inscriptions à la cantine, mais d'une augmentation du nombre d'enfants en centre de loisirs le mercredi après-midi.

AVANTAGE

Une remise à plat de la tarification trouve toute sa pertinence en début de mandat et dans le contexte financier actuel.

INCONVÉNIENT

À trop relever les tarifs, le risque peut être de détourner les usagers non captifs du service public concerné.

L'expert : Simon Godefroy, cofondateur du cabinet de conseil Citéxia
« *Un nouvel outil, le taux de participation* »

« *L'enjeu actuel est de sortir du système de tarification par tranche pour obtenir un tarif individualisé selon la situation propre à chaque famille, qui évite les effets de seuil. Il s'agit de déterminer le taux d'effort des familles par rapport à leurs revenus pour nourrir leurs enfants, les faire garder... Dans cette perspective, un nouvel outil, plus lisible, se substitue au traditionnel coefficient multiplicateur (appliquer un coefficient au revenu pour obtenir le tarif). C'est le taux de participation à un tarif maximal fixé par la collectivité, ce taux étant déterminé à proportion des revenus.* »

Effets induits

À l'inverse, à Montpellier (272 100 hab.), la baisse des tarifs a eu un effet immédiat. « *L'adoption d'une tarification plus sociale a permis à 69 % des familles de bénéficier d'une réduction des tarifs de la restauration scolaire à la rentrée 2015. Et, s'il est trop tôt pour en tirer un bilan, le nombre de repas commandés a progressé de 10 à 15 %* », observe Isabelle Marsala, adjointe chargée de la réussite éducative. À son arrivée en mars 2014, la nouvelle équipe municipale de Montpellier a souhaité faire évoluer un système de tarification très peu progressif.

Sept tranches de revenus permettaient de calculer les tarifs. « *Ceux-ci variaient entre 1,76 et 3,70 euros, mais 78 % des familles ne faisaient pas calculer leur quotient familial, car la démarche était jugée trop compliquée* », poursuit Isabelle Marsala.

La commune a donc décidé de prendre pour référence les revenus utilisés par la caisse d'allocations familiales (CAF) ou le dernier avis d'imposition des personnes qui n'y sont pas inscrites. « *À partir de ces éléments, nous avons travaillé sur le taux d'effort des familles, établi d'après le revenu et le nombre d'enfants, qui permet de calculer les tarifs selon une courbe plus progressive* », détaille Vincent Domeizel, directeur des finances et du contrôle de gestion de Montpellier.

« Simplification des calculs »

Paradoxalement, compte tenu du contexte budgétaire, la recherche d'économie n'est en effet pas toujours le premier moteur des collectivités. « *La première demande, parmi celles que nous recevons, est d'abord d'établir une tarification plus lisible et qui coûte un peu moins cher en traitement. Le second enjeu est la simplification du calcul des tarifs et son harmonisation sur l'ensemble des services* », constate Simon Godefroy. C'est le cas, par exemple, à Arcueil (19 700 hab., Val-de-Marne). La commune a entrepris, en 2015, une refonte de son quotient familial, jusqu'ici calculé d'après les revenus des familles, mais aussi d'après leurs charges de chauffage, leur emprunt immobilier... Une véritable usine à gaz, qui comptait 36 tranches de quotient familial pour la restauration scolaire et 20 pour l'accueil du soir des enfants ! « *Le calcul était devenu incompréhensible pour les familles et complexe à établir pour les services* », convient Sylvain Mertens, directeur général adjoint (DGA) « ressources » à Arcueil.

La commune a également choisi de se baser sur les documents de la CAF pour calculer un taux de participation des familles et non plus leur quotient familial. « *Par exemple, le tarif maximal pour un repas à la cantine scolaire a été fixé à 6 euros. En fonction de la composition du foyer et de ses revenus, le taux de participation varie de 10 % à 100 % du tarif maximal* », explique Sylvain Mertens. C'est en déduisant la subvention de la commune (24 à 75 % du coût réel, selon les services) que le tarif maximal est obtenu.

« 7 % des ménages ont un taux de participation supérieur à 80 %. Les classes moyennes ont, elles, une facture identique ou en légère baisse. Et les recettes sont identiques pour la commune, soit 1.4 million d'euros pour les prestations soumises à conditions de ressources », estime le DGA.

■ **Témoignage**
« Une courbe mathématique pour plus de progressivité », **Florence Vanhee, directrice « pilotage-évaluation et qualité » de Dunkerque (89 900 hab., Nord)**
« À la rentrée 2015, nous avons adopté, pour les services liés à l'éducation, un nouveau mode de calcul dans un souci d'harmoniser les tarifs et d'instaurer une vraie progressivité selon les revenus des familles, à budget équivalent. Nous sommes partis du prix de revient moyen des services pour définir un tarif minimum et maximum. Et d'une courbe mathématique de progressivité, afin de lisser les effets de palier.
Pour la restauration et le périscolaire, les tarifs sont individualisés au quotient familial : les plus bas ont légèrement augmenté, les plus hauts ont davantage progressé, mais, globalement, 30 % des familles paient des tarifs moindres. Pour les autres services à caractère culturel et sportif, douze tranches identiques de 200 euros de quotient familial ont été créées. »

Car, si la révision des tarifs ne permet pas forcément de dégager des marges financières, les collectivités exigent que son effet soit au moins neutre sur leur budget. Ainsi, Montpellier a choisi de modifier parallèlement les modalités d'inscription à la cantine. *« Les réservations se font, pour chaque période, entre les vacances, afin d'éviter les gaspillages, et non plus jour par jour »*, souligne Isabelle Marsala.
Cette mesure devrait engendrer 400 000 à 500 000 euros d'économies. Quelle que soit l'évolution des tarifs, une bonne communication auprès des familles concernées est absolument nécessaire. Voire même une consultation, comme à Montpellier. *« Dans tous les cas, il est important d'illustrer ses choix par un panel de familles représentatives de la collectivité »*, recommande Simon Godefroy.

Gaëlle Ginibrière

Document n° 4 : Finances locales – Concurrence entre banques, appel au marché obligataire, financements d'appoint : comment emprunter au mieux et optimiser ses ressources – Aurélien Hélias – *Le courrier des maires et des élus locaux* – février 2015 – 2 pages.

Finances Locales

Concurrence entre banques, appel au marché obligatoire, financements d'appoint : comment emprunter au mieux et optimiser ses ressources.

Ironie de l'histoire : alors que les collectivités ne sont qu'au début d'un cycle de quatre ans où les dotations vont chuter de 28 milliards cumulés, rarement les banques ont eu autant de liquidités à leur prêter et à des taux historiquement bas. Un « prix de l'argent » très attractif qui ne constitue pourtant qu'un maigre lot de consolation tant les dépenses obligatoires (normes transferts de l'État) pèsent. « *Il est clair que la baisse des dotations de l'État ne pourra jamais être compensée par le recours à l'emprunt*, assène Gaëtan Huet, du cabinet Partenaires financiers locales. *D'autant que l'inéluctable baisse des investissements locaux – de 30 % à 50 % selon les projections, car c'est la principale variable d'ajustement – va justement provoquer un emprunt moindre.* »

Peu d'emprunts contracycliques à prévoir donc malgré des conditions de marchés optimales. « *Je ne vois aucun emprunt se faire hors de la logique d'un projet mûrement préparé. Les banques demandent d'ailleurs une meilleure appropriation des programmes d'investissement. À ce jour, je ne vois que des projets annulés. Et rembourser un emprunt renvoie toujours à la fiscalité, demain...* », souligne le consultant. Les banques partenaires du secteur local font le même constat : « *il y a un attentisme assez fort des nouvelles équipes municipales. Le marché reste atone et les collectivités diffèrent plutôt l'investissement* » observe le président de la Banque postale collectivité locale (BPCL), Serge Bayard.

L'optimisation... jusqu'où ?

Pour autant, l'heure étant plus que jamais aux économies les collectivités voient une fenêtre de tir s'ouvrir pour optimiser ces emprunts en faisant jouer la concurrence sur un marché où les acteurs bancaires, privés comme publics, français comme étrangers, sont nombreux à démarcher les exécutifs locaux. S'y ajoute aussi des possibilités nouvelles, l'accès aux marchés obligatoires devant franchir une nouvelle étape au premier semestre 2015 avec la première émission de l'Agence France locale. L'urgence étant aussi à l'amélioration de l'autofinancement, poussé à la baisse, les élus cherchent par ailleurs à maximiser leurs sources de financement, entre optimisation de moyens déjà existants et appel à des circuits de ressources nouveaux. Le levier fiscal semble difficile à utiliser, du moins en 2015. Délégué général de l'AdCF, Nicolas Portier rappelait le 21 janvier que

« *beaucoup d'élus se sont engagés sur la stabilité des taux. Certains ne sont pas sûrs de pouvoir le respecter* ». Confirmation d'Antoine Homé, maire de Witenheim : « *Des collègues ont décidé de faire de l'optimisation fiscale, comme à Mulhouse, avec + 3 %. Je devrais probablement faire de même en 2016, mais cela ne peut se faire que de façon très modérée. Et cela ne peut représenter qu'une petite partie de l'effort en complément de la nécessaire baisse des dépenses de fonctionnement.* » « *Mais une action est possible sur les assiettes, en renonçant à des exonérations* » nuance Nicolas Portier. S'y ajoutent diverses pistes pour améliorer le panier de ressources locales : l'actualisation des valeurs locatives l'examen minutieux des taxes et redevances affectées, « *impôt mal contrôlé par les services fiscaux* » mais aussi l'utilisation de « *nouveaux instruments financiers* » comme les certificats d'économie d'énergie, les cofinancements avec l'État et ses différentes agences (Anru, Ademe, etc.), voire la valorisation de productions (recyclage matériaux énergies nouvelles…) ou encore la gestion active du patrimoine, *via* la cession de biens.

Solliciter de nouveaux partenaires

Autres pistes de ressources rapides et pérennes, sous le seul pilotage de la commune : la hausse de taxes annexes et l'optimisation des politiques tarifaires des services publics locaux. De nombreux élus ont entamé cette démarche qui devrait se poursuivre en 2015. Même si cette optimisation n'est pas à la portée de tous : « *Paris a la possibilité d'augmenter de 180 % ses tarifs de stationnement… Mais tout le monde n'a pas cette facilité-là !* Minore ainsi le sénateur et président de la commission finances de l'AdCF, Charles Guéné. *Dans les territoires où les gens ont les revenus les plus bas, c'est un levier que vous ne pouvez actionner.* » Alors, comme le temps des vaches maigres semble devoir durer au moins jusqu'à mi-mandat, les élus locaux sont enclins à innover en allant solliciter non pas leurs partenaires financiers habituels (Europe, État niveaux de collectivité supérieurs) mais des acteurs nouveaux : les entreprises et les particuliers, *via* le mécénat et le *crowdfunding*. Soit souligne Nicolas Portier, autant de « *formes de mobilisation de l'épargne locale sur des projets d'investissement* ».

« LES COLLECTIVITÉS SE MÉFIENT D'ELLES-MÊMES »

« *La bonne nouvelle c'est la liquidité des marchés. Mais encore faut-il aller vite ! Dans le cadre classique d'une collectivité ayant des ressources industrielles commerciales avec des loyers assurés l'investissement pourra se faire aux meilleures conditions. Mais pour celles qui n'ont pas de retour financier sur leur territoire même avec des taux bas chaque élu peut se demander s'il sera en mesure de rembourser les échéances. Le problème de fond réside dans les projections que vont faire les collectivités qui ne peuvent se permettre de faire de la cavalerie. Sans ressources financières régulières, l'incertitude est considérable et les collectivités se méfient d'elles-mêmes de leurs propres capacités. Elles doivent emprunter progressivement et analyser comment rembourser leurs intérêts.* »

Dossier réalisé par Aurélien Hélias

Document n° 5 : Comment gagner des millions grâce aux subventions ? – Fabienne Proux – *La Gazette des communes* – 9 avril 2012 – 2 pages.

Financement
Comment gagner des millions grâce aux subventions

Face aux ressources en berne et aux difficultés d'accès aux crédits bancaires, communes et intercommunalités font la chasse aux subventions. Mais elles ne sont pas toutes logées à la même enseigne. En bref, mieux vaut être gros, urbain et riche que petit, rural et pauvre.

Communes et intercommunalités cherchent des alternatives à l'emprunt devenu difficile d'accès et coûteux. Aussi, la tendance est-elle à la recherche de subventions pour faire financer la moitié, voire les trois quarts des projets les plus lourds. Ainsi, la communauté de communes Lubéron, Durance, Verdon annonce pour 2012 un budget autofinancé à 100 %. Outre une gestion rigoureuse des finances locales, Jean-Paul Landais, directeur général des services, ne se cache pas d'avoir réussi à obtenir un maximum de subventions pour assurer le financement des plus gros projets lancés cette année.

De fait, la nouvelle médiathèque de Vinon-sur-Verdon, dans le Var (1,2 million d'euros) et le centre des congrès de Gréoux-les-Bains (Alpes-de-Haute-Provence, 5 millions d'euros) seront respectivement financés à hauteur de 70 % et de 65 % par le Feder (Union européenne), la région, le département et les partenariats intercommunaux. Mais pour décrocher autant de subventions, « *il faut faire beaucoup de lobbying* », prévient Jean-Paul Landais.

Juridique : L'article L. IIII-10 du CGCT prévoit qu'à compter du 1er janvier 2015, aucun projet ne pourra bénéficier d'un cumul de subventions (sauf pour les communes et EPC de moins de 3 500 habitants) si le schéma d'organisation des compétences et de mutualisation des services région-département n'est pas adopté.

Font exception à cette règle les secteurs du tourisme, de la culture et du sport, ainsi que les opérations dont la maîtrise d'ouvrage relève de l'État ou de ses établissements publics ou figurant dans des contrats de projets État-région.

Délais contraints

Le plus difficile est souvent d'identifier le financement adapté au projet, trouver la porte à laquelle frapper, puis constituer le dossier permettant de décrocher le précieux sésame, le tout dans un délai contraint. « *C'est d'autant plus dur lorsque les financeurs tels que l'Union européenne et les régions sont éloignés des bases* », ajoute Denis Durand, « *il convient aussi de parler le langage que la collectivité qui subventionne aime entendre* ». Selon le président de l'Association des maires ruraux du Cher et maire de Bengy-sur-Craon (670 hab., Cher), à ce petit jeu « *les communes rurales sont défavorisées par rapport aux grandes villes, et nombre de projets tombent à l'eau par découragement* ». La lenteur des démarches n'arrange rien. Denis Durand risque de perdre la subvention de l'agence de l'eau Loire-Bretagne, obtenue mi-2010 pour financer le quart d'un aménagement routier dans sa commune, faute de lancer les travaux dans un délai de deux ans. Or, pour boucler son budget, il attend depuis 2009 l'aval de la région et de la dotation d'équipement des territoires ruraux.

Johann Boblin, maire de La Chevrolière (5 000 hab., Loire-Atlantique), a décroché plus de 50 % de subventions pour le réaménagement du centre-bourg (1,82 million) et la construction d'un centre culturel (3,2 millions), dont une médiathèque (1,12 million) financée à hauteur de 80 %. « Il faut agir avec méthode », explique cet ancien directeur administratif et financier dans le secteur privé. Outre le recrutement d'une chargée de mission pour monter les dossiers, il a fait appel à un cabinet extérieur pour valider la conformité des deux projets par rapport aux besoins du territoire, ce qui a permis la sélection par le conseil général. Mais avec une participation plafonnée à 20 % du montant de l'investissement. L'aide du département ne suffisait pas. Aussi, Johann Boblin est-il allé à Bercy pour défendre son dossier et décrocher 206 000 euros du Fonds d'intervention pour les services, l'artisanat et le commerce. Le reste de la facture a été pris en charge grâce à diverses astuces : le syndicat d'alimentation en eau potable pour les réseaux, ERDF pour le déplacement d'un transformateur, le syndicat d'électrification de la Loire-Atlantique pour l'éclairage public, etc.

10,3 M€ : Il s'agit du montant des dotations et subventions perçues par le secteur communal en 2010, et en baisse de 19,4 % par rapport à 2009. (Source : DGCL-DGFIP)

Services dédiés

Les structures plus riches se dotent carrément de services dédiés, à l'instar de la communauté urbaine de Dunkerque (CUD). Depuis la création d'une mission « partenariat », en 2006, la CUD a mobilisé plus de subventions en quatre ans (36 millions) qu'entre 2000 et 2006 (34 millions). Ainsi, l'ambitieux projet, autour de la ville durable, de réhabilitation de la halle aux sucres (34 millions d'euros hors taxes), qui sera transformée en « *learning center* », a décroché 60 % d'aides. Sur le modèle de Dunkerque, Lyon a mis en place, en 2011, un système de classification pour la recherche de financements extérieurs. Une cinquantaine de fiches triées par thème (culture, espaces verts, économie, international) et par financeur (État, région, Europe, privés), réactualisées en permanence, facilite le repérage.

Critères d'attribution durcis

Nombre d'incertitudes pèsent sur le maintien des subventions actuelles, d'où l'intérêt d'un service dédié pour identifier de nouvelles pistes. « *Nous prévoyons un durcissement des critères d'attribution tant de la part des collectivités territoriales que de l'Union européenne* », indique Hélène Deswarte, responsable de la mission « partenariat » de la CUD (lire l'encadré ci-contre), qui suggère le recours à un partenariat public-privé pour créer une nouvelle grande salle de spectacle, au mécénat pour encourager les projets culturels et au soutien de la Banque européenne d'investissement. De son côté, Denis Durand invite l'État à créer, dans les préfectures, des cellules d'appui pour coordonner les demandes et centraliser les informations relatives aux subventions, notamment celles de l'Union européenne.

L'expert
Hélène DESWARTE, responsable de la mission « partenariat », communauté urbaine de Dunkerque (Nord)
« Cinq personnes affectées au suivi des stratégies des partenaires institutionnels »
« *La mission "partenariat", composée de cinq personnes, assure le suivi des stratégies des partenaires institutionnels - tels que l'État et l'Union européenne -, afin d'adapter nos projets à leurs priorités. Nous anticipons les programmations à venir, suivons de près les contrats de projet État-région et la nouvelle stratégie du conseil général en matière de contractualisation avec le bloc communal. Une fois les financements identifiés, la mission accompagne les services de la communauté urbaine de Dunkerque [CUD] et les communes adhérentes au montage et au suivi des dossiers. Les 36 millions de subventions obtenus entre 2007 et 2011 correspondent à 20 % des investissements réalisés sur cette période (178 millions). 35 % provenaient du Feder, 25 % de la région et 23 % de l'État essentiellement dans le cadre du contrat de projet État-région, mais aussi du Fonds national d'aménagement et de développement du territoire, de la direction régionale des affaires culturelles et du plan de relance. La CUD a reçu 7 millions du Feder, à la suite de l'appel à projet sur l'excellence territoriale pour lequel nous avons réagi très vite. Les financements du Feder ont un effet de levier sur les autres subventions, de l'État et des collectivités.* »

Fabienne Proux

Document n° 6 : Le patrimoine immobilier : un nouvel atout – Cédric Néau – *La Gazette des Communes* – 1er juin 2015 – 1 page.

Le patrimoine immobilier : un nouvel atout

Mal identifié, peu valorisé, le patrimoine immobilier est pourtant un moyen de retrouver des marges de manœuvre financières.

Comme un poisson hors de l'eau. Les élus et cadres financiers doivent parfois se sentir asphyxiés par les contraintes financières qui s'abattent nombreuses sur les budgets de leur collectivité. Mobilisés pour réduire les dépenses, ils négligent encore parfois les stratégies de croissance des ressources. Or il existe un domaine capable d'apporter des recettes supplémentaires aux collectivités : le patrimoine immobilier.

Campagne d'évaluation

Souvent négligé, parfois ignoré, le patrimoine immobilier est d'abord vu comme une charge : entretien, mise aux normes, gestion de personnel, etc. Pourtant, de plus en plus de collectivités se lancent dans une gestion active de leur patrimoine et n'hésitent plus à procéder à des cessions massives, imaginer des modèles rentables grâce aux produits de domaine par exemple, acheter ou louer des biens plus appropriés à leurs nouveaux besoins, comme à Bordeaux qui totalise ainsi un volume de transactions évalué entre 5 et 10 millions d'euros chaque année. Son homologue garonnais vient de se lancer dans l'aventure. Toulouse a ainsi décidé en avril de vendre 4 millions d'euros de patrimoine, mais entend bien en céder pour 30 millions à terme.

Ces démarches ne se décident pas du jour au lendemain. Toulouse a créé une cellule de valorisation du patrimoine qui travaille à l'identification des biens cessibles un an avant les délibérations municipales. Quant au département du Loiret, il a bouclé en mars une vaste campagne de quatre mois d'évaluation. Au prix du marché, les 162 biens identifiés représentent 232 millions. De quoi définir « *une gestion dynamique du patrimoine, qui a sa vraie place dans la stratégie financière de la collectivité* », selon le directeur général des services, Jean-Charles Manrique, interrogé à l'époque. Pour ces collectivités, il ne s'agit pas de vendre les bijoux de la couronne, mais de savoir quoi vendre, comment et à qui, de façon à retrouver les marges de manœuvre financières perdues dans le désert des dotations. Une façon de renoncer aux murs des lamentations.

1 361 Md€ : C'est la valeur du patrimoine des collectivités (immobilier, route, réseaux d'eau, etc.). Selon la comptabilité nationale.

Cédric Néau

Document n° 7 : Les flottes publiques sur la voie de l'optimisation – *Le Monde* **– 9 avril 2015 – 1 page.**

Les flottes publiques sur la voie de l'optimisation

Les collectivités territoriales se voient contraintes de rationaliser leur parc de véhicules pour ne pas creuser leurs déficits

En matière d'optimisation de flottes, l'État a une longueur d'avance sur les collectivités territoriales. Depuis 2010 et la révision générale des politiques publiques et après le passage de deux circulaires, la gestion de ses véhicules a été externalisée auprès d'ALD Automotive par le biais d'un marché lancé par l'Union des groupements d'achat public (UGAP), la centrale d'achat public, et la flotte a été mise au régime minceur avec près d'un quart de ses volumes en moins.

Ce travail de fond a été remarqué et suivi avec intérêt par les collectivités territoriales confrontées à la loi de décentralisation et au plan d'économies de 11 milliards annoncés par le Premier ministre en avril 2014. « *Jusqu'à présent, les collectivités n'avaient pas à se poser de questions*, explique Jean-Pierre Sivignon, directeur général de l'UGAP. *Elles étaient assises sur un coussin, mais celui-ci va se dégonfler. Leur budget de fonctionnement va devoir diminuer si elles ne veulent pas s'endetter ou augmenter les impôts.* »

Dans ce contexte et au même titre que l'immobilier, la flotte représente un poste de dépense important du budget de fonctionnement d'une collectivité. Inévitablement, elle devra faire l'objet d'un travail de rationalisation et d'optimisation comparable à celui qui a été accompli par l'État au cours de ces quatre dernières années. « *Les marges de progression sont importantes*, constate Jean-Pierre Sivignon. *Soit le travail d'optimisation n'a pas été réalisé systématiquement, soit la démarche n'a pas été initiée de manière professionnelle.* »

Au vu des volumes, les gisements d'économies sont énormes. Alors que la flotte de l'État compte 65 000 véhicules, les collectivités territoriales sont à la tête d'un volume de 200 000 à 400 000 véhicules, selon les estimations des spécialistes. Nul doute que les prochaines années vont être mouvementées dans les flottes publiques. L'UGAP occupe un poste d'observation privilégié et, en tant que centrale d'achat, joue un rôle important dans les bouleversements à venir. L'établissement public a référencé un catalogue de véhicules dans lequel les collectivités territoriales peuvent puiser sans avoir à passer par une procédure de marché public. En 2014, 7 600 véhicules ont ainsi été commandés par les flottes publiques auprès de l'UGAP, soit une hausse de 200 unités par rapport à 2013. La centrale d'achat publique mesure aussi l'intérêt des collectivités territoriales en matière de véhicules propres. Or, en 2014, l'UGAP a vendu 670 modèles électriques et hybrides contre 820 en 2013. « *Les incertitudes sur la loi de transition énergétique et la baisse du montant du bonus ont pesé dans les arbitrages des collectivités* », observe Jean-Pierre Sivignon.

Un bilan 2014 contrasté

Pour accompagner les collectivités territoriales dans la rationalisation de leurs flottes, l'UGAP a référencé des spécialistes du financement et de la gestion des véhicules. Ainsi, l'établissement public a sélectionné GE Capital Fleet Services pour ses solutions de location longue durée et ALD Automotive pour ses services de fleet management. Le bilan 2014 est plus que contrasté puisque seules quelques centaines de contrats de location longue durée ont été signées. Quant à la gestion de flotte pour compte, et si l'on exclut la flotte de l'État, les collectivités y ont eu recours pour seulement 3 000 véhicules.

Si l'UGAP ne représente qu'une partie des achats des collectivités, ces résultats en demi-teinte montrent que le sujet n'a pas encore été embrassé à bras-le-corps. Les chiffres des prochaines années constitueront un bon thermomètre pour mesurer l'ampleur des efforts consentis.
Face à l'UGAP, d'autres acteurs travaillent main dans la main avec les collectivités territoriales. C'est le cas de Public LLD, une filiale du loueur Arval, elle-même filiale de BNP Paribas. Contrairement à l'UGAP, l'évolution de son activité démontre un réel intérêt de la part des collectivités territoriales. Depuis sept à huit ans, les volumes de véhicules intégrés dans des marchés publics de location longue durée ont été multipliés par deux, et la filiale d'Arval a vu quadrupler le périmètre de sa flotte. « *Nous assistons à un recours croissant aux solutions d'externalisation,* observe Stéphane Spitz, directeur général adjoint. *D'abord lent, ce mouvement s'est accéléré au cours des dernières années.* »
Cette tendance s'explique par plusieurs facteurs. Tout d'abord, l'état critique de leurs finances oblige les collectivités territoriales à passer en revue tous les budgets susceptibles d'être rationalisés. Autre explication, ces dernières années, les services chargés des achats se sont professionnalisés. Enfin, le parc des collectivités territoriales est vieillissant, avec un âge moyen qui atteint 8,5 ans contre de 3 à 4 ans dans le privé. Les collectivités territoriales ont un vrai besoin de renouveler leurs flottes. Face à l'évolution de la demande, LLD Public apporte une réponse adaptée à travers des solutions spécifiquement développées pour les entités du secteur public. « *Il faut lutter contre l'idée reçue selon laquelle la location longue durée n'a d'intérêt économique qu'avec des kilométrages importants*, explique Stéphane Spitz. *Ce n'est pas le cas et nous avons rallongé les durées de nos contrats pour qu'elles s'inscrivent en cohérence avec les lois de roulage des collectivités territoriales, qui ne réalisent en moyenne que de 13 000 à 14 000 km par an contre 95 000 dans le privé.* »
Quoi qu'il en soit, les collectivités territoriales vont devoir s'engager dans une démarche d'optimisation de leurs flottes. En avance, le secteur privé et l'État leur montrent la voie.

É. GI.

Document n° 8 : Masse salariale : à la recherche de la formule magique – *La Gazette des communes* **– 24 mars 2014 – 5 pages.**

Dossier
Masse salariale : à la recherche de la formule magique

OBJECTIF ÉCONOMIES

Enjeu crucial. Le président de la République a assigné aux collectivités un objectif de réduction des dépenses publiques de 10 milliards d'euros. Alors que, pour ces dernières, les dépenses de personnel représentent 35 % des coûts de fonctionnement, la stabilisation de la masse salariale constitue un enjeu crucial.

MARGES DE MANŒUVRE

Complexité. Entre les décisions prises au plan national - qui pèsent sur les recrutements et le niveau des rémunérations - et les contraintes propres aux collectivités, la masse salariale est un élément sur lequel il est complexe d'agir. Les employeurs disposent toutefois de plusieurs leviers, parfois déjà actionnés avec succès.

GESTION PRÉVISIONNELLE

Réflexion. Sous-exploitée dans la FPT, la gestion prévisionnelle des emplois, des effectifs et des compétences est un outil efficace dont les collectivités commencent à se saisir. Encore faut-il qu'elles le fassent avec une vision et des objectifs très précisément réfléchis. Une expérimentation est en cours dans plusieurs intercos.

Composer avec des impératifs contradictoires

Conscientes de la nécessité de stabiliser, si ce n'est réduire, leur masse salariale, les collectivités se heurtent à la complexité d'un sujet aux tenants multiples et parfois contradictoires.

L'objectif n'a pas été atteint. Alors que la loi de programmation des finances publiques 2012-2017 prévoyait une progression annuelle de la masse salariale des collectivités limitée à 2,5 % par an, celle-ci s'est établie en 2012 à 3,3 %. Un constat opéré par la Cour des comptes dans son rapport consacré pour la première fois aux finances publiques locales, publié en octobre 2013. Les dépenses de personnel des collectivités et de leurs groupements à fiscalité propre ont atteint 54,8 milliards d'euros en 2012. Soit en moyenne 35 % des dépenses de fonctionnement, avec de fortes disparités : 50 % dans les communes et 20 % dans les départements, régions et intercommunalités, dont les dépenses d'intervention sont plus élevées. En revanche, les plus importantes progressions constatées en 2012 sont le fait des groupements à fiscalité propre (+ 8,66 %), contre + 3,84 % dans les régions, + 2,62 % dans les communes et + 2,59 % dans les départements.

1 823 € : C'est le salaire net moyen en équivalent-temps plein (ETP) en 2011 dans la fonction publique territoriale. En un an, il a augmenté de 1,3 % en euros courant, mais diminué de 0,8 % compte tenu de l'inflation. À titre de comparaison, l'évolution a été respectivement de + 2 % et + 0,1 % dans la fonction publique d'État. (Sources : Insee, janvier 2014.)

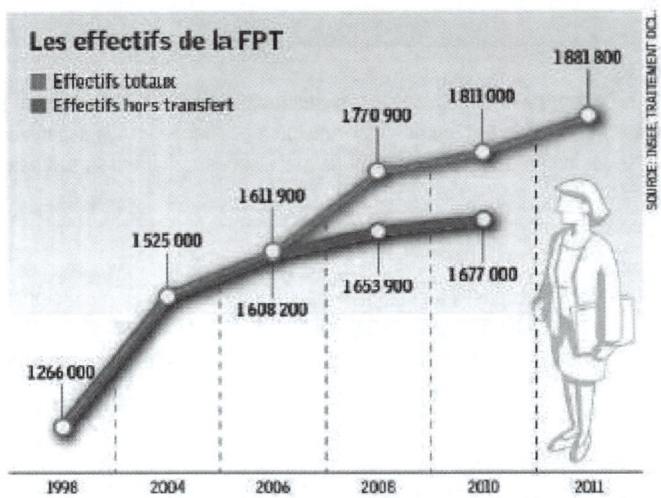

Revalorisation des « C »

La Cour des comptes reconnaît qu'il est très ardu d'analyser les causes de cet accroissement. Les transferts de personnel de l'État aux régions et départements – qui expliquaient la moitié de la croissance des effectifs entre 2004 et 2010 (voir le graphique) – ont cessé. L'institution observe même une stabilisation du nombre d'agents entre 2009 et 2010, avec une légère diminution en équivalent-temps plein, qui ne suffit pas à infléchir la hausse des dépenses. « *L'évolution de la masse salariale entre deux années est la somme de trois termes : la variation des effectifs, le glissement vieillesse-technicité [GVT] et la variation des rémunérations des agents présents les deux années ou rémunération moyenne du personnel en place* », indique la cour. Or les 39 500 employeurs territoriaux ne maîtrisent pas l'ensemble des éléments affectant ces trois composantes. Selon la Cour des comptes, 40 % de l'augmentation des dépenses de personnel relèveraient de politiques décidées à l'échelon national. « *Une part que l'on peut revoir à 30 %, en excluant l'impact de la prime d'intéressement à la performance dont le chiffrage est incertain* », nuance-t-elle. La réforme des rythmes scolaires ? Elle explique pour partie le bond de masse salariale qu'a connu une ville comme Chelles (1 100 agents, 52 800 hab., Seine-et-Marne). « *Nous avons embauché une soixantaine d'animateurs pour la mettre en œuvre, même si ce n'est pas forcément à temps*

complet. La hausse de la masse salariale était de 1,5 % en 2012, elle a atteint 3,6 % en 2013 »,
constate le directeur général des services, Yannick Klein.

La revalorisation des agents de catégorie C au 1er février 2014 ? Son coût a été évalué à 816 millions
d'euros en 2014 et 2015 par l'Association des maires de France, qui rappelle que les « C »
représentent 75 % des agents de la FPT. « *Dans les départements, cette revalorisation s'applique
deux fois : pour leurs propres agents, mais aussi pour ceux de la fonction publique hospitalière
qui travaillent dans des établissements directement gérés par ces collectivités* », note Frédéric Eon,
conseiller « affaires institutionnelles et juridiques » de l'Assemblée des départements de France.

Cotisations en hausse.

L'augmentation des taux de cotisation retraite de la CNRACL ? La Commission consultative
d'évaluation des normes en estime l'impact à 380 millions d'euros pour les collectivités en 2012.
Directeur des ressources humaines de Vienne (1 600 agents), Cédric Chauvet chiffre pour 2014 à
0,6 % de la masse salariale la revalorisation des agents « C », soit 350 000 euros. « *Concernant
les cotisations retraite, nous avons évalué le surcoût des fonctionnaires de l'État en détachement
chez nous à 700 000 euros par an, puisque les taux de cotisation de la caisse des pensions civiles
sont plus forts que ceux de la CNRACL. C'est pourquoi nous invitons les agents de l'État travaillant
sur des postes pérennes et apportant un service qui nous satisfait à intégrer la FPT* », indique-t-il.
Vice-président du conseil régional de Bourgogne (6 000 agents) et président de la commission
« FPT » de l'Association des régions de France, Michel Neugnot pointe d'autres impondérables,
tel le GVT qui, dans les régions, fait progresser la masse salariale d'un peu moins de 2 % par an.
Reste que 60 % à 70 % de l'augmentation des dépenses de personnel sont aux mains des
collectivités. Pourtant, ces dernières estiment que, même sur ces leviers-là, leurs marges de
manœuvre sont étroites. « *La grande différence rapport à la politique salariale de l'État est que
75 % des agents de la FPT sont des "C", qu'un million d'entre eux sont au premier grade, c'est-à-
dire rémunérés entre le Smic et le Smic + 10 %, indique-t-on à l'AMF. Les employeurs territoriaux
sont donc face à un dilemme cruel : d'un côté, maîtriser une partie de leurs dépenses de personnel,
de l'autre, préserver les dotations de survie pour leurs habitants. Ce qu'une collectivité verse
comme rémunération est, en effet, ce que ses agents consomment sur son territoire. Les appels à
limiter l'avancement des territoriaux doivent aussi être regardés à travers ce prisme-là.* »

Facteur de motivation

Quant au régime indemnitaire, dont la Cour des comptes dénonce certains abus, il constitue aussi
un critère d'attractivité et de motivation pour les candidats et les agents en place. « *S'ils sont
bien traités, peut-être ont-ils également de meilleures relations au travail, et donc s'appliquent-ils*

davantage pour un service public de meilleure qualité », remarque Claude Soret-Virolle, directrice générale adjointe du centre interdépartemental de gestion de la grande couronne d'Île-de-France. Les collectivités ont aussi beau jeu de rappeler que nombre des services publics qu'elles assument - petite enfance, parascolaire... - sont de gros consommateurs de personnel. « *La maîtrise de la masse salariale sous-tend une réflexion plus globale. Les collectivités doivent-elles assurer leurs prestations en régie ? Dans le cas d'une délégation de service public, l'impact sur la masse salariale est moindre, mais qu'en est-il du coût global ? Il ne faut pas s'arrêter à la masse salariale, mais s'interroger sur l'efficience des services publics, c'est-à-dire comment faire mieux avec les mêmes moyens* », commente Jean-François Lemmet, consultant formateur en RH.

Dans ce contexte, quels objectifs les collectivités peuvent-elles se fixer ? Tâcher de s'en tenir au seuil des 2,5 % d'augmentation de la masse salariale ? Certaines visent déjà une stabilisation de leurs dépenses de personnel. « *Mais il faut pour cela du courage politique* », note un DGS.

Entretien
Emmanuel Gros, membre du bureau national du Syndicat national des DG des collectivités territoriales et directeur général des services de La Roche-sur-Yon[5]

« Un changement important doit s'accompagner d'une action forte de management »

Quels facteurs internes aux collectivités expliquent la complexité de la maîtrise de la masse salariale ?

La pression sociale est très pesante sur les collectivités. Il existe - en milieu urbain particulièrement - une demande des habitants pour avoir toujours plus de services, de toujours plus grande qualité. Cela passe forcément par du personnel. Il existe aussi un lien fort avec l'augmentation de la population et sa démographie : dans une population où les enfants sont nombreux, les infrastructures doivent suivre ainsi que l'encadrement en personnel. On ne peut pas s'abstraire non plus de la proximité avec les élus, sollicités dès que les habitants sont en difficulté. La dimension d'employeur social était encore très vraie il y a dix ans, mais tend à disparaître. Cependant, dans certains territoires, les collectivités font toujours figure de premier employeur : le moindre poste attire des dizaines de candidatures.

Les collectivités ont-elles réellement pris conscience des efforts à entreprendre ?

Le facteur culturel est effectivement essentiel et, en la matière, les évolutions commencent seulement à s'opérer. Jusqu'ici, lorsque l'on demandait aux services d'en faire plus, davantage de moyens étaient proposés. Aujourd'hui, cette position n'est plus tenable,

---

5. 1 224 agents à la ville et 305 au CCAS, 52 800 hab. (Vendée).

mais les changements ne font que commencer. Cette dimension n'est d'ailleurs pas encore intégrée partout, car tous les territoires ne sont pas soumis aux mêmes difficultés financières. Les collectivités confrontées à une baisse des recettes de l'État ont, elles, pris des mesures depuis deux ou trois ans déjà. Cependant, la prise de conscience des cadres est plus avancée que celle des élus.

Comment accompagner cette évolution ?
On ne peut pas supprimer des postes, mettre en tension une administration sans accompagner ces changements d'une action forte de management. Les collectivités ne peuvent pas se contenter d'une décision budgétaire qui risquerait, si elle était prise seule, de ne pas être suivie et, donc, d'être inefficace. Il est nécessaire d'apporter des explications, d'accompagner les services et de responsabiliser les managers sur cette question.

Des leviers à actionner simultanément

Les marges de manœuvre en vue de contenir la masse salariale sont étroites, mais recourir à plusieurs leviers est possible. Passage en revue de quelques-uns d'entre eux.

Même si la solution miracle n'existe pas, des marges de manœuvre existent pour maîtriser la masse salariale. Les collectivités doivent procéder par petites touches, actionnant plusieurs leviers à la fois. *« Chaque mesure prise séparément peut sembler n'engendrer que de faibles économies mais, ajoutées les unes aux autres, elles contribuent à réduire la masse salariale, sur le moyen ou le long terme »*, encourage Jean-François Lemmet, consultant formateur en RH.

Un effet de Noria tout relatif : Remplacer les papy-boomers partant à la retraite en examinant au cas par cas les besoins et, surtout, employer à leur place une population plus jeune, à la rémunération par conséquent moins élevée. C'est ce que l'on appelle « l'effet de noria ». Sauf que ce levier très attendu des employeurs a tardé à produire ses effets. Avec la loi de 2010 reculant l'âge de la retraite, pour bénéficier d'un taux plein, nombre d'agents ont, ces deux dernières années, retardé leur départ. L'effet de noria est donc moins fort qu'espéré.

1. Une gestion plus fine des effectifs

« Il est temps de donner à la gestion des ressources humaines une dimension stratégique », avance Michel Neugnot. Le conseil régional dont il est vice-président, celui de Bourgogne, a choisi d'intégrer les ressources humaines au dialogue de gestion et mise sur la gestion prévisionnelle

des emplois, des effectifs et des compétences (GPEEC, lire aussi p. 24) pour s'assurer que les moyens et les effectifs dont il dispose correspondent à ses priorités stratégiques. « *Cela suppose un diagnostic des besoins au regard des compétences. Nous avons ainsi élaboré un répertoire des métiers, développé un plan de formation conséquent et adopté un plan de mobilité interne pour redéployer les ressources humaines là où le nécessitent les missions, qui évoluent elles-mêmes avec le temps* », poursuit-il. Partout, le remplacement des agents partant en retraite n'est plus systématique et le redéploiement des postes est devenu la règle. « *Dans le cadre de notre politique "orientation ressources humaines", nous avons invité les directions et services à travailler sur les départs en retraite en réfléchissant aux possibles réorganisations, à la dématérialisation de certaines tâches...* » note Corinne Dubrueil, DRH de l'Aisne (2 100 agents).

2. Une optimisation de l'organisation

Heures supplémentaires gérées sans grande rigueur, congés supplémentaires douteux, « surabsentéisme »... la Cour des comptes relève dans son rapport d'octobre 2013 que les marges de progrès en matière de temps de travail sont importantes. Un euphémisme tant les mauvaises pratiques sont édifiantes : progression de 40 % des heures supplémentaires dans une commune du Nord, perte de 272 ETP liée aux congés supplémentaires dans une grande ville du Sud-ouest... L'absentéisme - le talon d'Achille des collectivités avec un taux de 6,8 % à 9,1 % pourrait être abaissé de 2 à 3 % sur les arrêts pour maladie ordinaire.

Les employeurs vigilants parviennent à réduire leur taux d'absentéisme en sensibilisant les cadres intermédiaires, en suivant régulièrement les chiffres et en réagissant immédiatement si survient un problème dans une équipe, en menant des entretiens de retour, en instaurant une prime de présentéisme... À Lille métropole (2 500 agents, 85 communes, 1,11 million d'hab.), par exemple, le seuil à ne pas dépasser est fixé à 5,5 %. « *L'absentéisme a un coût, qu'une étude de Sofcap groupe Sofaxis établit en moyenne à 1 825 euros par agent tous risques confondus, pour les collectivités de 30 à 149 agents*, pointe Claude Soret-Virolle, directrice générale adjointe du CIG de la grande couronne d'Île-de-France. *La maladie ordinaire représente 39 à 44 % du coût total de l'absentéisme : il faut donc agir sur elle et sur la prévention des accidents du travail. Mais sans s'interdire de réfléchir à la longue maladie et à celle de longue durée (31 % à 35 % du coût de l'absentéisme). Bien sûr, cette dernière correspond souvent à des cas lourds. Toutefois, un retour à l'emploi peut parfois être envisagé pour peu que l'on se donne les moyens de former la personne et d'adapter son retour.* »

L'optimisation du temps de travail est aussi une source non négligeable d'économies. À Chelles, les heures supplémentaires et les vacations ont baissé respectivement de 35 % et 40 % entre 2009 et 2013. L'objectif 2014 ? Encore - 25 %. « *Nous réfléchissons désormais en annualisation du temps de travail, avec certaines activités qui sont fortes en été et diminuent à d'autres périodes, que nous lissons tout au long de l'année. Pour l'entretien ménager, une rationalisation des tâches a été entreprise : par exemple ne pas vider la poubelle à carton tous les jours* », détaille le DES, Yannick Klein. Une optimisation du fonctionnement des crèches est également en cours, sur la base d'un « *benchmarking* » avec d'autres villes mais aussi avec les structures de la petite enfance gérée en délégation de service public (DSP) sur le territoire.

D'autres collectivités misent sur la mutualisation : secrétaire travaillant pour plusieurs services, externalisation et mutualisation des systèmes d'information RH au centre de gestion sont déjà à l'œuvre. Quant à la mutualisation des services, elle n'a globalement pas encore fait ses preuves en matière de maîtrise de la masse salariale, même si certains exemples récents sont encourageants.

3. Une politique managériale plus volontariste

C'est un sujet sensible, auquel ont commencé à s'atteler quelques collectivités : la politique d'avancement de grade et d'échelon. Des politiques reposant le plus souvent sur la seule ancienneté. « *Ceci est coûteux, mais prive aussi les collectivités d'un levier essentiel de management* », regrette la Cour des comptes dans son rapport. À Chennevières-sur-Marne (250 emplois permanents et 100 animateurs, 18 000 hab., Val-de-Marne), cette réflexion a été intégrée au projet d'administration porté par le DOS arrivé en 2011, Sébastien Duval. « *Il s'agit de se référer au statut et de mettre les personnes dans les bons cadres d'emplois, de s'assurer que les avancements de grade sont en cohérence avec les postes occupés : quelqu'un qui change de grade doit savoir qu'il n'exercera pas les mêmes missions qu'auparavant* », détaille-t-il. Désormais, la ville planche sur la réforme du régime indemnitaire, qui « *doit être cohérent avec les fonctions et les responsabilités occupées. Le dossier est complexe, car le régime indemnitaire est le fruit de l'histoire. Notre objectif est donc d'intégrer tous les arrivants dans ce nouveau système* ».

560 M€ : Tel est le montant que représente une variation des effectifs de la fonction publique territoriale de 1 % (soit 18 000 agents).
(Source : rapport de la Cour des comptes sur les finances publiques locales, octobre 2013.)

4. Un choix à opérer dans les politiques publiques

En baisse de 1 % en 2010, puis ayant augmenté de 1 à 1,5 % les deux années suivantes grâce à des mesures de chasse aux heures supplémentaires inutiles et d'optimisation de l'organisation... comment pourra se poursuivre la stabilisation de la masse salariale ? C'est la question que se pose la ville de Chelles, qui vise 0 % d'augmentation en 2014. « *Avec le temps, les sources d'économies ou d'optimisation vont devenir plus difficiles à trouver. Il faudra donc en passer par des choix en termes de maintien ou non de certaines activités* », reconnaît le DOS, Yannick Klein.

Avoir à trancher parmi les services et prestations à rendre à la population n'est plus tabou. À La Roche-sur-Yon, le ciblage des services est déjà à l'œuvre. La fourrière municipale a été supprimée – désormais gérée en DSP – et les deux agents qui y travaillaient redéployés sur des postes vacants dans d'autres services. « *La question se posera au cours du prochain mandat de savoir quelles activités nous ne considérons pas comme au cœur de nos compétences. Par exemple, la gestion des colonies de vacances : la ville dispose d'un chalet clans les Alpes dans lequel quatre personnes travaillent pour notre compte. Il faudra regarder si les moyens déployés correspondent à l'utilité de l'activité* », estime Emmanuel Gros, le DOS. Calcul des coûts de fonctionnement d'un investissement, du coût d'un service public au regard du nombre de personnes concernées pour juger de son bien-fondé et, éventuellement, y renoncer... déjà adoptées ponctuellement, de telles mesures devraient se développer durant le prochain mandat.

Ville et agglo de Dole (Jura) • **42 communes** • **600 agents au total** • **52 300 hab.**
Le choix de la mutualisation
Lorsque le projet de mutualisation entre la ville et la communauté d'agglomération de Dole a été lancé, fin 2010, l'interco avait à peine plus de 2 ans. « *Elle montait en puissance, ses compétences étaient de plus en plus enchevêtrées avec celles de la ville, ce qui nécessitait davantage de lisibilité. Ses effectifs avaient été multipliés par plus de cinq, ce qui rendait nécessaire la création de services support en RH, finances, marchés...* » détaille le DOS, Mathieu Chartron. La maîtrise de la masse salariale n'intervenait que dans le cinquième et dernier objectif de la mutualisation – qui date de janvier 2012 – et uniquement en filigrane. « *Le sujet est tabou. En revanche, le contexte de crise nous incitait à être attentifs à ne pas développer inconsidérément la masse salariale* », poursuit-il. L'agglo s'est ainsi dotée de services support par transfert de personnel. Une non-dépense évaluée à 900 000 euros, l'équivalent d'une vingtaine de postes. Des gains plus directs découlent de la suppression d'abonnements, de contrats en doublon, etc. : 99 691 euros en 2013, desquels il faut défalquer 32 000 euros de charges supplémentaires correspondant à l'alignement des régimes d'œuvre sociale du personnel. Après avoir progressé avec la naissance de l'agglomération, la masse salariale s'est stabilisée dès 2012, pour commencer à très légèrement décroître en 2013.

À RETENIR
Adopter la mutualisation en contexte de crise a conduit à une grande vigilance sur l'évolution de la masse salariale.

Pourquoi et comment s'emparer de la GPEEC ?

Les collectivités se lancent de plus en plus dans la gestion prévisionnelle des emplois, des effectifs et des compétences (GPEEC). Un outil qui, sans être spécifique à la masse salariale, permet d'agir sur son évolution.

Où en sont les collectivités en matière de GPEEC ?

Dans leurs derniers rapports, la Cour des comptes et les cours régionales des comptes exhortent les collectivités à s'engager plus avant dans le déploiement de la GPEEC. Force est de constater que, même si la démarche est évoquée et expérimentée depuis plus de quinze ans, elle n'est pas mûre et souvent encore peu aboutie. L'Assemblée des communautés de France (ADCF) a lancé, avec le CNFPT et la Fédération nationale des centres de gestion (FNCDG), un groupe de travail informel autour de cinq intercommunalités. Objectif ? Les aider à dresser un état des lieux de leurs effectifs et, sur cette base, les accompagner dans la réalisation d'un schéma de mutualisation et la mise en œuvre d'une démarche de GPEEC. Celle-ci devrait donner lieu, d'ici un an et demi, à une étude et à l'organisation d'un colloque sur cette thématique.

Quels objectifs attribuer à la GPEEC ?

« *Mal maîtrisée, la GPEEC s'est souvent révélée ces dernières années une usine à gaz qui n'aboutit à rien. Jusqu'ici, des collectivités se dotaient, sans s'interroger sur leur utilité, de tableaux de bord dont elles ne savaient ensuite pas quoi faire* », regrette Jean-François Lemmet. Selon le consultant formateur en RH, les collectivités qui, aujourd'hui, réfléchissent à ce sujet sont à la recherche d'une démarche plus pragmatique et opérationnelle, qu'il appelle lui-même de ses vœux. « *Il s'agit tout d'abord de réaliser un état des lieux, puis de définir des objectifs en termes d'amélioration et de développement des compétences et des effectifs. À partir de là, les collectivités peuvent déterminer les outils qui leur permettront d'atteindre le résultat qu'elles auront fixé* », note-t-il.

Quels sont les freins à la mise en place de la démarche ?

La GPEEC est-elle un moyen ou un objectif ? Beaucoup de collectivités n'ont pas encore tranché cette question et font de la gestion prévisionnelle au fil de l'eau, sans réelle réflexion préalable. « *Il est difficile de transposer la GPEEC du privé au public, car dans ce dernier secteur les contraintes sont plus fortes en raison du statut ou de l'impossibilité de baisser les rémunérations* », estime Floriane Boulay, responsable des affaires juridiques et institutionnelles, et de l'action sociale de l'ADCF. La nécessité de préserver la qualité du dialogue social pour mener à bien cette démarche sensible explique également que les collectivités avancent prudemment sur la question.

À quelle échelle la gestion prévisionnelle se révèle-t-elle la plus pertinente ?

« *À moins de vingt ou trente agents, autant faire la GPEEC sur Excel. C'est d'ailleurs pourquoi la gestion prévisionnelle ne concerne pas plus de 200 ou 300 collectivités* », peut-on entendre dans certaines associations d'élus. C'est afin de lutter contre cette idée encore répandue selon laquelle les petites collectivités peuvent se contenter d'un tableau de bord rédigé sur un coin de table que l'ADCF prône le dépassement de l'échelle de la commune. « *L'échelle intercommunale peut-être, celle supra-communautaire sans doute sont plus indiquées. C'est pourquoi nous travaillons avec les centres de gestion* », avance Floriane Boulay. Déjà, certaines actions sont engagées dans ce sens-là. « *Géographiquement, les centres de gestion sont à la maille idéale, celle du bassin d'emploi* », renchérit Bruno Elusse, directeur de l'emploi au centre interdépartemental de gestion de la grande couronne de la région Île-de-France.

Dossier réalisé par Gaëlle Ginibrière.

Document n° 9 : Culture : jouez sur toute la gamme des financements – Claire Chevrier et Hélène Girard – *La Gazette des communes* – 26 octobre 2015 – 6 pages.

CULTURE
Jouez sur toute la gamme des financements

LES BUDGETS

Diversification. Avec la baisse des dotations de l'État, les budgets des collectivités pour la culture s'étiolent. Pragmatisme oblige, certaines cherchent des financements alternatifs : mécénat, financement participatif, valorisation d'actifs et partenariats opérationnels ; et incitent les associations culturelles à faire de même.

LES COMPÉTENCES

Professionnalisation. La concurrence est forte entre les acteurs de la culture. Les collectivités qui entrent dans la danse commencent à se structurer et musclent leurs compétences internes pour lever des fonds auprès des entreprises ou du grand public, tout en gardant à l'esprit les notions de territoire et de service public.

LES CONDITIONS

Service public intangible. Les acteurs culturels sont à la recherche de modalités de discussion avec les contributeurs privés. Objectif : dépasser la relation purement financière pour préserver les valeurs du service public de la culture et prévenir toute posture critique du donateur ou tentative d'influencer le contenu du projet.

Les promesses et les limites des gisements privés

Entreprises et particuliers constituent un réel potentiel de ressources complémentaires, mais pas la panacée pour pallier le recul des crédits publics.

Le mécénat culturel est l'une des aides privées les plus connues. L'an dernier, il pesait 364 millions d'euros, selon l'Admical, association qui développe le mécénat. Musées, restauration du patrimoine et musique sont les secteurs favoris du mécénat culturel. Cependant, « *contrairement à ce que l'on avait pu espérer en 2012, notre étude de 2014 montre que le mécénat, en général, souffre. Et le mécénat culturel plus encore. L'urgence paraît plus grande dans le social et la santé et, dans les esprits, la culture relève davantage du domaine des pouvoirs publics* », explique François Debiesse, président exécutif de l'Admical. « *Il faut être inventif et lancer des idées nouvelles car le mécénat des grandes entreprises s'essouffle...* », confirme-t-on à la Fondation du patrimoine.

41 % du mécénat culturel bénéficie aux musées et aux expositions. Les autres dons se répartissent principalement ainsi : 28 % à la préservation du patrimoine bâti, 12 % à la musique, 8 % à la photographie et les arts visuels, 3 % pour les arts plastiques...
(Source : Admical.)

Crowdfunding

Les PME, les TPE et les particuliers sont encore peu sollicités. Pour les séduire, il s'agit de développer le mécénat de compétences ou en nature et le financement participatif (*crowdfunding*). Ce dernier a le vent en poupe, mais porte sur des volumes faibles. « *Au premier semestre 2015, le marché français a de nouveau doublé, à 133,2 millions d'euros, selon les chiffres de Financement participatif France, association des professionnels du* crowdfunding. *Selon les chiffres rassemblés par Club innovation et culture (Clic France), au 7 septembre, près de 300 000 euros avaient été collectés au bénéfice des musées et du patrimoine, soit déjà plus que pour toute l'année 2014* », précise Pierre-Yves Lochon, fondateur de Clic France. Mécénat et financement participatif se renforcent. « *Mais, pour les collectivités, ce ne sont toujours que des financements complémentaires. Ils sont encore majoritairement liés à des projets d'investissement ou de l'amorçage de projets, mais pas au fonctionnement* », note Julia Méry, consultante pour le cabinet Sémaphores.

Des PPP épinglés

Le dispositif juridique de partenariats public-privé (PPP) culturels, qui permettent de prendre en compte cette dimension de fonctionnement, semble dans l'impasse. Peu ont vu le jour, et la plupart sont épinglés par la Cour des comptes ou stoppés (comme le musée de la Mer de Biarritz). Jean-Marc Pujol, maire de Perpignan, premier à avoir utilisé ce dispositif pour son théâtre, continue à défendre le PPP. Mais cet ancien avocat d'affaires reconnaît qu'il faut bien verrouiller le contrat en amont et veiller en permanence à sa bonne exécution. D'autres pistes, comme la location d'équipements ou de salles, l'ouverture de boutiques et de cafés, la signature de partenariats productifs, l'hébergement de start-up en échange d'applications sont aussi explorées.

Économie sociale et solidaire : faible impact de la loi

La loi du 31 juillet 2014 relative à l'économie sociale et solidaire (ESS) a permis une reconnaissance des acteurs de ce secteur, qui, dans la culture, sont très nombreux. Selon l'Observatoire national de l'ESS du CNCRES (*), cette économie regroupe plus d'un quart des emplois des arts et spectacles et plus des trois quarts des établissements. Les collectivités ont appris qu'elles pouvaient entrer au capital d'une société coopérative d'intérêt collectif (Scic), certaines ont participé à la création de pôles territoriaux de coopération économique (PTCE) dédiés à la culture... « *Cependant, en termes de financement, la loi "ESS" n'apporte pas grand-chose. C'est une loi-cadre qui manque de moyens pour sa mise en œuvre* », regrette-t-on au CNCRES.

(*) Conseil national des chambres régionales de l'ESS.

	Avantages/Inconvénients	Exemples
LE MÉCÉNAT Le mécène, une entreprise ou un particulier, soutient un projet à travers un don en argent en nature ou en compétences. La loi du 1er août 2003 sur le mécénat prévoit une défiscalisation d'une partie de ce don (60 à 75 %). Les collectivités ont la possibilité de le gérer en direct ou par le biais de structures externes (associations, fondations, fonds de dotation...).	**- Avantage** Pratique bien balisée qui permet au bénéficiaire de s'affirmer comme vecteur de rayonnement de la collectivité dans le tissu économique. **- Inconvénients** Demande un travail de ciblage très précis pour comprendre les motivations de chaque mécène. La concurrence est très forte.	**Abbeville (Somme) • 24 200 hab.** En septembre, la ville s'est dotée d'une fondation abritée par la Fondation du patrimoine, après deux ans de préparation. Le dispositif porte sur tout le patrimoine mobilier, immobilier et naturel de la collectivité. La mairie a effectué un premier versement de 50 000 euros et elle donnera tous les ans 30 000 euros, en plus des budgets qu'elle consacre déjà au patrimoine. Les deux premières collectes concerneront la restauration d'un orgue et d'un tableau. « *Être abrité par la Fondation du Patrimoine simplifie les démarches et rassure les donateurs* », souligne Romain Zechser, chef du service « patrimoine ».

	Avantages/Inconvénients	Exemples
LE FINANCEMENT PARTICIPATIF Le but est de collecter une multitude de dons (d'un montant souvent modeste) auprès du public, des TPE et PME. Ce dispositif a pris un essor avec l'apparition de plateformes sur internet, où une somme doit être levée en un temps limité et des contreparties sont offertes (places de spectacles, nom gravé sur une plaque...).	**- Avantage** Permet de toucher des publics nouveaux, de créer une dynamique autour d'un projet et de construire un lien avec les donateurs. **- Inconvénients** Le coût des plateformes (8 à 10 % des dons). Souvent, l'argent n'est versé que si le montant ciblé est atteint.	**Savigny (Rhône) • 2 000 hab.** L'association Savigny, patrimoine d'hier et aujourd'hui a collecté 7 692 euros sur la plateforme Ulule, pour financer une partie du spectacle fêtant les 1 200 ans de l'abbaye de Savigny (budget total de 17 600 euros). Sa présidente, Odile Moinecourt, ne pensait pas lever plus de 2 500 euros. Malgré le succès de l'opération, elle conseille de bien réfléchir aux contreparties, certaines s'avérant complexes à gérer. « *Si l'idée nous a surpris, cela a donné un élan à ce projet et permis que les habitants y adhèrent. D'ailleurs, nous allons regarder si la ville pourrait utiliser le* crowdfunding *en direct* », note Marielle Gidon, conseillère municipale.
LA VALORISATION D'ACTIFS Elle consiste à tirer profit au maximum des actifs matériels et immatériels de la structure. Location de locaux, de matériel, implantation de boutiques ou de café, négociation de rediffusion de droits avec des plateformes numériques... Nombre de services culturels tentent de développer la valorisation. Souvent à la demande des élus.	**- Avantage** Optimise l'utilisation d'infrastructures souvent coûteuses à entretenir. **- Inconvénient** Nécessite des ressources pour organiser la logistique, qui peuvent coûter plus cher qu'elles ne rapportent.	**Toulouse (Haute-Garonne) • 453 300 hab.** Le muséum privatise plusieurs fois par an ses espaces : auditorium, salles de réunion... Son hall est loué le lundi et en soirée pour des galas sept ou huit fois par an. La privatisation génère entre 80 000 et 100 000 euros par an. Toutefois, les sommes collectées ne sont pas pour l'établissement ; elles reviennent à la ville. Pour autant, Josiane Beltran, chargée de la gestion des opérations privatives au muséum de Toulouse, fait valoir que c'est un argument lors des négociations des enveloppes budgétaire ; alors qu'aucune communication n'est faite, elle est de plus en plus sollicitée, mais refuse nombre de demandes, la programmation du muséum étant prioritaire.

	Avantages/Inconvénients	Exemples
LES PARTENARIATS OPÉRATIONNELS Une collectivité fournit à une entreprise des ressources numériques (patrimoniales, par exemple) ou un espace public d'expérimentation, pour créer de nouveaux services ou de nouveaux outils. Les deux parties négocient les modalités de mise à disposition des ressources ou de l'espace, et un partage des revenus.	**- Avantages** Accéder à des processus lents et coûteux (indexation, par exemple), gain en notoriété et en visibilité sur internet. **- Inconvénient** Négociations chronophages pour éviter toute privatisation du patrimoine public.	**Seine-et-Marne • 1,35 million d'hab.** Le département a signé le 9 juillet dernier une convention de réutilisation des registres de l'état civil (1792-1893) et de recensement (1836-1911), soit un total de 1 282 058 vues fournies par les archives départementales (AD77) à la société Genealogie.com. Cette dernière propose un service de recherche directe par patronyme, après indexation des fichiers. Les AD77 ont négocié une redevance de 50 000 euros sur dix ans, basée sur les « coûts de mise à disposition » (essentiellement le travail de négociation). S'y ajoutent l'accès gratuit au service dans la salle de lecture des archives départementales et un renvoi de chaque document vers son site.

Se professionnaliser pour attirer des contributeurs

Séduire les donateurs ne s'improvise pas. Les collectivités commencent à se structurer afin de construire des stratégies cohérentes.

« *On assiste actuellement à une véritable guerre entre les porteurs de projets. La concurrence est rude, et, pour être efficace, il faut donc se professionnaliser dans la recherche de mécènes* », conseille François Debiesse, président exécutif de l'Admical, association qui développe le mécénat. Aujourd'hui, beaucoup de collectivités s'interrogent encore sur ce dispositif.

Clubs de mécènes : structurés ou informels, les clubs de mécènes permettent de regrouper autour d'un projet des entreprises et des particuliers donateurs. Ils doivent être animés par des opérations de relations publiques régulières. Leurs membres deviennent souvent des ambassadeurs et ramènent de nouveaux mécènes.

Coordination

« *Jusqu'à présent, il s'agissait d'opérations ponctuelles, lorsqu'un projet risquait de ne pas se faire, et non dans une politique de long terme en tant que telle. Conséquence de la baisse des dotations, les collectivités commencent à se structurer, et certaines, souvent grandes, avec une multiplicité de projets, créent des postes dédiés au mécénat* », constate Julia Méry, consultante pour le cabinet Sémaphores. Reims, Le Havre, Rouen, Cannes ou le département du Nord ont des responsables du mécénat qui parfois s'occupent aussi des financements extérieurs (recherches de subventions). Ce qui permet d'éviter la concurrence entre les différents projets portés par la ville. « *Nous avons décidé de créer un poste pour coordonner tous les projets qui recherchent des mécènes, et ce, pas seulement pour les projets culturels* », explique Francis Grass, adjoint à la culture de la ville de Toulouse, qui vient de nommer une personne chargée du mécénat.

Il s'agit d'un métier et de compétences nouvelles, qui s'inventent au jour le jour. « *Il est nécessaire d'avoir des professionnels du mécénat dans les collectivités territoriales car il existe des enjeux juridiques, fiscaux, stratégiques, etc. Cependant, si c'est un métier à part entière, il est assez différent des postes existants au sein des grandes ONG. Le mécénat des collectivités est en lien avec les politiques publiques, il intègre les notions de territoire, de services publics...* », souligne Laura Exposito del Rio, responsable de la mission « mécénat et financements extérieurs » à la direction des finances de la ville de Reims et de Reims métropole.

> **Témoignage**
> **« *Le mécénat devient un outil d'ingénierie financière* », Laura Exposito Del Rio, responsable de la mission « mécénat et financements extérieurs » à la direction des finances de la ville de Reims et de Reims métropole.**
>
> « *À l'occasion du changement d'équipe municipale à Reims, le mécénat a été recentré sur le patrimoine. Il devient également un outil d'ingénierie financière et de diversification de recettes. Depuis juillet dernier, la mission "mécénat" est donc rattachée à la direction des finances, alors qu'avant elle était placée au sein de la direction générale des services. Cette organisation permet d'être en contact direct avec mes collègues chargés de la préparation budgétaire et d'être en lien avec le trésorier. Grâce à cinq ans d'expérience sur le terrain, j'ai pu acquérir une bonne vision des projets capables d'attirer des fonds, et donc pouvant être inscrits ou non au budget prévisionnel. Nous avons commencé à rechercher les mécènes en février dernier pour la restauration et la remise en eau de la fontaine Subé. Lors de la conférence budgétaire de septembre, nous pouvions d'ores et déjà dire que 270 000 euros de mécénat étaient assurés. Ce projet a donc été inscrit au budget 2016.* »

Instaurer une relation de confiance

Créer une structure dédiée au mécénat, interne ou sous forme d'une fondation, est très adapté lorsque plusieurs projets en cours sont pilotés par différents services de la collectivité (culture, social, sport...). « *Cela permet d'avoir une vue transversale, de mutualiser les ressources et de rationaliser la démarche. Une collectivité peut alors élaborer un catalogue à destination des entreprises recensant les divers projets envisagés* », explique Julia Méry. Il est ainsi possible de développer le mécénat croisé, c'est-à-dire, par exemple, de proposer un projet culturel ayant un but social. Faire entrer la culture dans le programme de responsabilité sociétale des grands groupes devient de cette manière plus aisé.

Encore faut-il être capable de remettre des rapports annuels mesurant les effets des actions menées comme l'impact social des dons, par exemple. « *La transparence sur l'utilisation des fonds est indispensable. Le porteur de projet doit être capable de répondre aux interrogations du mécène tout en vérifiant qu'il n'y a pas une ingérence excessive de ce dernier. Il faut instaurer une relation de confiance dans un dialogue permanent* », explique François Debiesse. Le mécénat va au-delà de la recherche de financements : c'est aussi et surtout une démarche de marketing territorial et de communication dans laquelle il faut s'adresser à différents publics. Dans les campagnes de financement participatif, un important travail d'animation est nécessaire sur internet, à travers les réseaux sociaux et également en s'appuyant sur les établissements et les associations des « amis » (autres acteurs culturels du territoire), en utilisant des *flyers*, des affiches... « *L'appel au financement populaire doit être légitime. Il faut que le projet soit facile à comprendre, fortement enraciné dans son territoire et soutenu par une campagne décalée ou par une dynamique locale forte* », résume Pierre-Yves Lochon, fondateur de Clic France.

ENTRETIEN
Jean-Pierre Saez, directeur de l'observatoire des politiques publiques culturelles

« *Les communes sont bien placées pour organiser des espaces de dialogue* »

Comment analysez-vous les relations entre contributeurs privés et acteurs culturels ?
Les relations entre culture et argent ont toujours fait débat car, pour les porteurs de projets, la culture doit rester à l'abri des vicissitudes du marché. L'expérience montre que le mécénat concerne de grandes entreprises intéressées par des institutions ou des manifestations à forte visibilité. Dans les territoires, les porteurs de projets doivent miser sur le mécénat de proximité. Mais ils peinent à entrer en contact avec les entreprises locales. Une médiation entre ces deux univers est donc nécessaire. Il y a là un rôle à jouer pour les communes, qui sont bien placées pour organiser des espaces de dialogue et de reconnaissance mutuelle.

Porteurs de projets et contributeurs peuvent ainsi vérifier qu'ils partagent des valeurs, pour aller au-delà d'une simple relation financière.

Que reste-t-il du service public de la culture en cas de financement privé ?

Il ne faut pas laisser croire que les fonds privés vont remplacer l'effort des collectivités. Sinon, le socle sur lequel reposent les politiques culturelles serait abîmé, et certaines collectivités pourraient être tentées d'accélérer leur retrait. Il est impératif de garder à l'esprit la nécessité de préserver une philosophie d'intérêt général pour la culture garantie par les collectivités et l'État. Le mécénat peut aussi y contribuer par la plus-value qu'il représente. Les financements privés soutiennent des projets ou des institutions pour une durée limitée. Leurs dons sont donc volatils. Autrement dit, les fonds privés ne contribuent pas à structurer une politique culturelle. Jamais ils n'exonèrent la collectivité de ses responsabilités. Les fonds de dotation abondés par plusieurs mécènes représentent une formule qui peut tempérer ce risque.

Qu'en est-il du risque d'ingérence des contributeurs privés ?

Les acteurs culturels doivent affirmer le principe de non-ingérence pour tout contributeur public ou privé. Cela vaut déjà pour les projets faisant l'objet de financements publics croisés. En cas de financements privés, la règle selon laquelle l'État et les collectivités sont les garants de l'indépendance des projets vaut toujours. Dans l'ensemble, les mécènes jouent le jeu sans adopter de posture critique, et certains acceptent de financer des projets qui s'écartent des goûts dominants.

Fédérer autour d'un projet

Le muséum de Toulouse a lancé la marque Tous pour Twiga afin de collecter pour ses 150 ans 15 000 euros qui serviront à financer la naturalisation d'une girafe. « *L'idée est de fédérer les gens autour de ce projet. Nous procédons à des envois réguliers : des messages de remobilisation classiques sur le niveau des dons récoltés, mais aussi des informations scientifiques sur la situation des girafes, des entretiens avec des scientifiques...* », explique Mélanie Caumes, responsable de la communication. Préparer la campagne prend autant de temps que la durée de la campagne elle-même, à savoir deux à trois mois. Le profil de la personne assurant l'animation au quotidien n'est pas évident à trouver. « *Il faut être prêt à interagir avec les donateurs, engager un dialogue avec eux. Souvent, ce sont les directions de la communication qui s'en chargent. Si elles savent établir les plans institutionnels, positionner leur mission, elles ne sont pas toujours dans le dialogue interactif et participatif* », prévient Laurence Boursican, directrice générale de la plateforme Culture Time.

Le mécénat et le financement participatif sont des outils que les collectivités découvrent encore. Ils font peur à certains qui craignent un éventuel appauvrissement de l'offre culturelle. Ces modèles devraient pourtant se développer largement dans les années à venir.

« Le marketing est utile aux institutions non lucratives »

Professeur à l'université Paris 1, Jean-Michel Tobelem, spécialiste de la gestion des équipements culturels, explique comment adapter la recherche de financements privés aux enjeux des politiques publiques.

Sommes-nous à l'aube d'une nouvelle ère de l'économie de la culture ?

Dans le secteur non marchand, on ne voit pas poindre de modèle économique alternatif capable de se substituer à celui que nous connaissons aujourd'hui, en France ou à l'étranger. Il s'agit essentiellement de ressources complémentaires. En outre, la baisse des financements publics se solde toujours par une contraction des moyens généraux. Il faut donc toujours faire avec moins. Sans oublier que la recherche de recettes nouvelles engendre des coûts supplémentaires.

Beaucoup d'acteurs publics craignent que l'argent privé dévoie le service public de la culture. Comment déjouer ce risque ?

Certes, il existe ces réticences. Elles sont dues soit à une hostilité de principe, soit à des expériences malheureuses. Il s'agit d'être pragmatique, en faisant le tour des financements possibles, en retenant ceux qui sont compatibles avec l'éthique du service public concerné.
Il faut aussi oser penser en termes de marketing et de stratégie, des techniques qui font peur à certains professionnels de la culture parce qu'ils ne sont pas suffisamment familiarisés avec elles.

Que peuvent apporter ces deux techniques ?

Appliqué de façon raisonnée et raisonnable, le marketing est utile aux institutions non lucratives, non seulement pour accroître leurs ressources, mais aussi pour remplir leurs missions de conquête et de diversification de leurs publics. La stratégie permet de formaliser leurs missions fondamentales et leurs objectifs, avec un plan d'actions, un chiffrage et un phasage.
Sur cette base, les professionnels peuvent alors discuter avec les contributeurs privés et expliquer ce qui les distingue des autres institutions, dans quelle direction ils veulent aller, et pourquoi leur structure a besoin de leur soutien. Ces partenaires voient alors clairement pourquoi ils peuvent

adhérer à tel ou tel projet. Les professionnels de la culture doivent avoir une conscience claire des implications éthiques et déontologiques de leurs missions, pour définir la ligne jaune à ne pas franchir.

Les difficultés viennent-elles d'un manque de professionnalisation ?

Il est normal que les responsables des institutions culturelles n'aient pas forcément les outils et la méthodologie en matière de marketing, de stratégie, de collecte de fonds, etc. En revanche, ils peuvent se faire accompagner par un spécialiste. Un accompagnement a certes un coût, mais il reste infime dans le budget de fonctionnement d'une structure, même la plus petite. Et, au final, il s'agit d'améliorer son positionnement pour trouver de nouveaux partenaires. Par ailleurs, les associations professionnelles et les organismes de formation devraient avancer dans leur réflexion sur ces questions. Or, à ce jour, ni les unes ni les autres ne paraissent proposer de solutions.

Document n° 10 : Le design au service des politiques publiques – Jean-Christophe Poirot – *La Lettre du cadre territorial* **– 10 avril 2014 – 3 pages.**

MODERNISATION

Le design au service des politiques publiques

Le design n'est pas un style. C'est une méthode pour concevoir, avec l'utilisateur, des équipements, des services, des politiques publiques les plus adaptés aux usages. Objectif : améliorer la performance des services publics rendus à l'usager. Et si le design et les designers étaient demain les acteurs de l'innovation au service des politiques publiques ? Les explications d'un pionnier de la démarche en France, Stéphane Vincent, délégué général de la 27e Région.

Stéphane Vincent est le délégué général de la 27e Région. Créé en 2008, à l'initiative de l'Association des régions de France, ce laboratoire de transformation publique explore de nouvelles façons d'améliorer la conception et la mise en œuvre des politiques publiques.

Pourquoi faut-il, selon vous, repenser la manière de concevoir les politiques publiques ?

La culture en vigueur dans la gestion publique reste fortement marquée par le « **nouveau management public** » inventé dans les années soixante-dix pour développer la performance des services publics. Alors que la société a changé, de même que les agents et les élus, on travaille encore sur le même modèle, avec la même matrice administrative. Les élus pensent des lois, mises en œuvre administrativement, avec le citoyen en bout de chaîne. Ce modèle est dépassé, il doit être repensé.

Au travail « en silo », l'administration doit substituer le modèle de l'*open source*, c'est-à-dire une économie de l'échange et du partage qui produit de l'efficacité et de la connaissance. L'expertise traditionnelle doit laisser place à une nouvelle approche de l'utilisateur des politiques, redonner une place centrale à la question des usages et des **usagers**, l'élément clé de la compréhension des enjeux et de l'élaboration des solutions.

Il faut admettre également de mettre les **politiques publiques** au « banc d'essai ». Peut-on aujourd'hui bien concevoir sans aménager des espaces, du temps et des méthodes nous aidant à réinterroger le problème posé, à décaler le regard pour imaginer des solutions alternatives, puis les expérimenter et les tester avec les **usagers** ? Google teste bien ses nouveaux services avec les usagers. Pourquoi ne pas le faire avec les **politiques publiques**, des petites villes jusqu'à l'État ? Des exemples existent au Danemark (le Mindlab), au Royaume Unis (le Silk), aux États-Unis (Public Policy Lab)...

Comment définir votre nouvelle approche, le « design de service » ?

La question que nous posons est : « voulons-nous des **politiques publiques** mieux conçues ? ». Si oui, des disciplines méconnues par le politique peuvent apporter une contribution originale à l'élaboration des **politiques publiques**. Le **design de service**, en particulier, rassemble des méthodes qui permettent d'améliorer l'ensemble d'un processus en prenant comme point de vue toute la chaîne des utilisateurs, du décideur jusqu'au bénéficiaire final. Sa singularité – par rapport notamment au design industriel – tient au fait qu'il s'appuie sur l'expertise d'usage, qu'il procède d'une démarche de conception créative associant l'utilisateur ; d'où l'expression de **co-conception des politiques publiques.**

Que peuvent apporter des designers à la compréhension des politiques publiques locales ?

Les **designers** ont une boîte à outils utile pour réinterroger les problématiques depuis les usages réels. Ils ont l'habitude des techniques de prototypage, alors que **l'action publique** est souvent conçue « en tunnel ». Ils pratiquent les allers-retours de type « essai-erreur-retour en arrière » utiles à une conception fine des politiques. Ils ont également une capacité à rendre visibles et tangibles des choses complexes – un processus administratif, un ensemble de données... –, au moyen d'illustrations, de schémas, de maquettes...

Les visuels remplacent utilement « l'incontournable » rapport écrit de 300 pages qui clôt habituellement le processus traditionnel d'ingénierie et de conseil. Il est beaucoup plus facile de discuter à partir de supports qui « tangibilisent » ce que l'on veut obtenir. Aux techniques du **design de service**, nous conjuguons des méthodes issues des sciences humaines. Elles permettent de mieux comprendre les pratiques réelles des **usagers**. Et puis, convoquer des sociologues, des ethnologues... c'est réintroduire de la pluridisciplinarité dans un univers assez homogène, élus, consultants et fonctionnaires ayant finalement des « profils » assez proches.

En quoi cette approche est-elle différente des processus participatifs classiques ?

La démocratie participative se déroule souvent en périphérie du processus de conception lui-même. Elle est cantonnée à un moment précis du processus, souvent en aval, quand les grandes décisions sont prises, alors qu'un travail plus quotidien et plus souterrain serait nécessaire pour répondre aux enjeux ordinaires des politiques publiques.

Le **design** veut, lui, embrasser l'ensemble du processus de conception et être au cœur de la décision. Il fait de la participation un moyen – et non une fin en soi – de parvenir à un but : améliorer la qualité

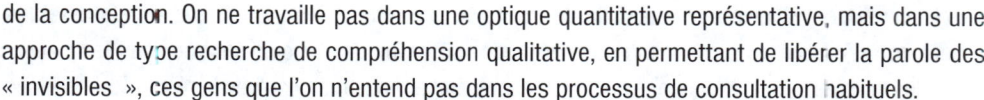
de la conception. On ne travaille pas dans une optique quantitative représentative, mais dans une approche de type recherche de compréhension qualitative, en permettant de libérer la parole des « invisibles », ces gens que l'on n'entend pas dans les processus de consultation habituels.

Concrètement, comment ça marche ?

Nous avons travaillé entre 2009 et 2010 sur une douzaine de politiques régionales, selon le principe de la « résidence », c'est-à-dire l'installation sur le terrain (quartier, village, gare, lycée, université, etc.) d'une équipe interdisciplinaire durant plusieurs semaines étalées sur trois ou quatre mois. La démarche débute par une phase de ré-interrogation des problèmes et de compréhension des pratiques. Pour cela, nous pratiquons le travail en immersion : nous vivons l'expérience avec l'usager. Par exemple, lorsque nous avons travaillé pour la région Champagne-Ardennes sur « le lycée à haute qualité humaine », nous avons dormi à l'internat du lycée.

Un deuxième principe d'action réside dans la réalisation d'un prototype le plus tôt possible dans le processus. Plutôt qu'un rapport en fin de parcours, nous produisons des photos, des maquettes, des vidéos... Nous proposons également des simulations sous forme de scénarios d'usage, des tests qui reconstituent l'expérience de l'utilisateur... Ces outils constituent le véhicule de la réflexion collective ; ils font réagir les gens et c'est l'amélioration progressive du prototype qui conduit à la solution. À la fin, le travail fait l'objet d'une restitution, d'une exposition, d'une performance. On en tire des enseignements, on « dézoome », on se sert du prototype comme d'un microlaboratoire d'une politique plus vaste.

Pouvez-vous nous donner des exemples ?

Les applications sont presque illimitées. Accompagnés et formés par nos soins, les agents de la région Champagne-Ardenne ont mis cinq jours pour repenser le volet culture de la carte à puce LycéO, d'abord en enquêtant sur le terrain à la façon d'apprentis ethnologues, puis en imaginant des améliorations sous la forme de maquettes qu'ils ont ensuite soumises directement aux établissements dépositaires de la carte (cinémas, équipements culturels, lycées), pour en tirer enfin cinq changements précis à opérer.

En région Auvergne, ces méthodes ont permis d'inventer une nouvelle façon de concevoir les maisons de santé, alors que les projets précédemment soumis à la région étaient jugés décevants, réduits à des démarches architecturales.

Le gouvernement danois s'est servi du design pour réinterroger les pratiques d'achats durables, jugées contre-productives, et inventer une approche plus globale et moins centrées sur des clauses dans des contrats – une expérience que nous allons mener nous-mêmes avec la région Rhône-Alpes.

À Bruxelles, le Comité des Régions se sert même du design pour repenser le concept de « gouvernance territoriale », perçu comme trop bureaucratique ; l'objectif est de repartir du point de vue de ceux qui devront utiliser cette forme de gouvernance (élus locaux, fonctionnaires, citoyens).

Comment faire pour que la démarche « design » s'inscrive durablement dans la pratique des collectivités ?

Le risque de l'approche gadget – c'est rigolo et ça fait joli dans le tableau – existe, tout comme celui de rendre les agents dépendants d'une nouvelle méthode, alors qu'il s'agit de les aider à transformer leurs pratiques. À nous de bien expliquer que le **design** n'est pas un bidule créatif de plus, mais qu'il est consubstantiel à la **modernisation de la gestion publique**, qu'il permet d'éviter des gaspillages, des erreurs récurrentes, des pertes de temps et d'argent.

L'expérience nous prouve que cette approche renouvelle les façons de penser les questions de transversalité, d'évaluation, de prospective... Pour l'inscrire dans la culture de management, nous défendons l'idée de l'installation de laboratoires d'innovation embarqués au sein des collectivités. Depuis 2011, nous aidons plusieurs régions, *via* des programmes de recherche-action, à prototyper leur propre laboratoire de design et d'innovation.

Document n° 11 : Politiques publiques locales : osez l'évaluation ! (extrait) – Entretien avec François Mouterde – *La Gazette des Communes* – 22 février 2016 – 2 pages.

« Depuis environ trois ans, l'activité au niveau local subit un coup de frein évident »

Le président honoraire de la Société française de l'évaluation, également directeur associé de Planète publique, revient sur la pratique de l'évaluation dans les collectivités locales.

L'évaluation est-elle en croissance dans les collectivités locales ?

Depuis vingt ans, l'évaluation s'est considérablement développée, mais, depuis environ trois ans, l'activité au niveau local subit un coup de frein évident. Les régions, par exemple, en font beaucoup moins qu'avant, et il ne s'agit en aucun cas d'une démarche systématique, en particulier sur des politiques structurantes comme les lycées ou les transports express régionaux. Cette inversion correspond à la contrainte financière qui pèse sur les collectivités locales. Tous les budgets sont rabotés et les dépenses d'études liées à l'évaluation n'y font pas exception. On constate aussi une baisse du montant moyen des appels d'offres dans le domaine de l'évaluation, de l'ordre d'un tiers environ. Je ne veux pas porter un discours pessimiste. Sur la longue durée, objectivement, l'évaluation n'est pas encore passée à un niveau stratégique sur les grands sujets de l'action publique.

Pourtant, elle peut justement aider les élus dans leurs arbitrages budgétaires...

Intellectuellement oui, l'évaluation pourrait permettre de mener une politique plus fine et pertinente qu'un rabot de 5 % sur toutes les dépenses mais, dans les faits, c'est très peu le cas. C'est dommage, puisque les budgets dédiés à l'évaluation restent très modestes par rapport aux dépenses de fonctionnement d'une grande collectivité. Le souci, c'est aussi que l'évaluation prend du temps. Entre la commande et le rapport final, il faut compter au minimum entre six mois et un an.

Les évaluations sont-elles assez suivies d'effets et diffusées ?

Non, loin de là. Personne ne dispose de chiffres fiables mais, d'expérience, je dirai qu'environ la moitié reste dans des tiroirs. Ce n'est pas forcément parce qu'il s'agit d'un document gênant, mais plutôt que les conclusions ne s'imbriquent pas suffisamment dans la vie de la collectivité, son fonctionnement, ses équilibres politiques, son budget, sa culture, etc.

On ne peut pas dire qu'il y a, aujourd'hui, un réflexe immédiat des responsables politiques et médiatiques de se saisir des études d'évaluation. Le politique est le commanditaire et le premier destinataire, mais le compte rendu doit aussi être adressé au grand public. Pourtant, il est rarissime de trouver dans la presse généraliste des articles sur les évaluations de telle ou telle action. C'est aussi à nous, évaluateurs, de nous interroger sur la dimension pédagogique de nos rapports.

Que préconisez-vous pour améliorer l'évaluation en France ?

Il faut insister sur la médiatisation des rapports, pour les porter à la connaissance du grand public et alimenter le débat. C'est le moyen de peser pour améliorer nos politiques publiques, quelles qu'elles soient. On pourrait aussi imaginer une évaluation obligatoire pour toute politique publique au-delà d'un certain montant.

Plus globalement, il faut sortir de cette idée collective selon laquelle la puissance publique fait forcément le bien et génère de l'intérêt général. Il n'existe pas de politique publique vertueuse à 100 %. Dans cette logique, l'évaluation devrait être considérée comme une composante de base de l'action publique, au même titre que le droit, les finances, la gestion des ressources humaines et le management.

UN OBSERVATOIRE DÉDIÉ, EN NOVEMBRE

Fondée en 1999, La Société française de l'évaluation réunit les différents acteurs concernés (fonctionnaires d'État et territoriaux, chargés d'études et de recherche, consultants, associatifs) pour promouvoir l'évaluation dans les secteurs public et privé. L'association vise aussi l'amélioration des techniques et des méthodes, et le respect des règles éthiques. La SFE a lancé, en 2014, un observatoire de l'évaluation, dont la deuxième édition sera présentée au mois de novembre.

Les cinq étapes clés de l'évaluation d'une politique publique

Le processus d'évaluation d'une politique publique se construit par étapes successives. Chacune est essentielle à sa bonne marche.

1. Cadrer le périmètre de la commande

Nécessitant une implication forte de l'élu référent ou de la direction générale, cette première étape vise à cadrer le périmètre de l'évaluation et à en fixer le calendrier, le budget, les finalités et les personnes, agents ou bénéficiaires, qui seront interrogées. Plus la préparation sera précise et pensée en amont, plus le déroulement de l'évaluation sera efficace et rapide, en particulier en ce qui concerne la récupération et le traitement des données.

Enfin, cette étape est aussi l'occasion de s'assurer que l'évaluation bénéficie bien d'un soutien politique et managérial, condition de son application le cas échéant.

2. Définir le cahier des charges

Le cahier des charges est le référentiel de l'évaluation. Il doit comporter le choix des questions évaluatives, c'est-à-dire les questions majeures qui se poseront durant l'évaluation et qui serviront de base au jugement final. Il s'agit également de choisir la méthodologie retenue pour l'évaluation et les outils de collecte de données qui seront utilisés.

Enfin, si l'évaluation est réalisée par un prestataire extérieur, il faudra élaborer un cahier des clauses particulières de l'évaluation et procéder à sa sélection par le biais d'un appel d'offres.

3. Récolter les données qualitatives et quantitatives

La collecte des données quantitatives et qualitatives ainsi que leur traitement constituent le cœur de l'évaluation : la qualité des ressources collectées conditionne directement le résultat final de l'évaluation. De multiples sources et méthodes peuvent ainsi être combinées : textes de référence, prise de parole individuelle (entretien) et/ou collective (atelier, table ronde), questionnaires, *benchmark*, traitement statistique, analyse des dispositifs externes à la collectivité, étude de cas...

4. Restituer les résultats pour établir le jugement final

Une fois les résultats obtenus, ceux-ci sont restitués aux acteurs associés à l'évaluation. Les données sont analysées afin de construire un jugement de valeur sur la politique évaluée – les enjeux de l'évaluation, les questions, les critères de jugement ainsi que de la méthode employée seront rappelés.

Ce jugement de valeur permet, par la suite, la formulation de recommandations et de préconisations.

5. Diffuser et accompagner pour un meilleur suivi

L'évaluation n'a d'intérêt que si elle est largement diffusée. Il conviendra donc de restituer les résultats à l'ensemble des personnes consultées (élus, agents et citoyens). Selon le destinataire, la diffusion devra prendre une forme appropriée : un rapport final, une synthèse écrite, un débat, une réunion publique, une mise en ligne, un communiqué de presse...

Les recommandations et les préconisations sur l'action publique devront, quant à elles, être suivies d'un accompagnement de la direction concernée, afin d'en permettre son appropriation pour une mise en œuvre optimale.

Document n° 12 : Mécénat, taxes, _crowdfunding_, tarifs… les financements de complément – _Le Courrier des maires et des élus locaux_ N° 0287 – 9 février 2015 – 1 page.

Mécénat, taxes, _crowdfunding_, tarifs… les financements de complément

Il n'y a ni petites économies, ni petites ressources. Du financement participatif des particuliers au mécénat des entreprises, du levier des taxes à la révision des politiques de tarifs et redevances, les financements d'appoint ne sont pas à négliger, à court ou moyen terme.

Actionner le levier des taxes annexes

Si une hausse des impôts locaux n'est pas à l'ordre du jour, du moins pas avant 2016, l'idée d'actionner les taxes a déjà bien essaimé. « _À Wittenheim, nous avons effectué une hausse pluriannuelle de la taxe locale sur la publicité extérieure (TLPE), vu que nous avons la plus grosse zone commerciale du Haut-Rhin, et modulé la taxe d'aménagement sur plusieurs projets immobiliers. Mais il faut le faire de manière raisonnable_ », plaide le maire, Antoine Homé. La taxe sur les surfaces commerciales est aussi scrutée par les élus. En octobre dernier, une étude de l'Association des petites villes de France indiquait que 53 % de ses membres pensaient augmenter taxes et redevances et 30 % en instituer de nouvelles, la taxe de séjour et la TLPE étant privilégiées. La taxe d'habitation sur les résidences secondaires pourra être aussi alourdie par les communes. Autre possibilité : renoncer à certains abattements facultatifs s'agissant des taxes d'habitation et foncières. Sans afficher _in fine_ de hausse des taux des « vieilles »…

Optimiser les politiques tarifaires des services

En quelques mois, l'augmentation des frais de cantines scolaires est devenue le symbole d'une hausse « cachée » de la fiscalité locale, derrière des taux de taxe ménage inchangés. Pour autant, utiliser le levier tarifaire n'est pas forcément synonyme de hausse généralisée et aveugle. Ce sont d'abord les politiques d'exonérations et de dégrèvements dont il faut vérifier la justesse. Les tarifs d'opérations « ponctuelles » sont aussi à prendre en considération : « _Nous avons révisé les tarifs municipaux les plus en décalage avec les coûts réels, ceux sous-évalués, comme les locations de salles_ », développe le maire de Wittenheim. Voici pour le court terme. Ce qui n'empêche pas, pour la deuxième partie de mandat, de réinterroger plus globalement la politique tarifaire des services publics locaux et la répartition de l'effort à réaliser entre contribuable local et usager du service. Sans se contenter d'un transfert de charge, mais aussi d'optimiser le rendement au meilleur coût de ces services.

Cultiver le champ du mécénat d'entreprises

Un Français sur trois serait prêt à faire un don pour financer un projet d'intérêt général porté par une collectivité, avec une forte prédilection pour la culture, l'environnement et l'action sociale. Inattendus, ces résultats sont issus d'un sondage réalisé par le cabinet EY (Ernst&Young) à l'occasion d'une étude consacrée aux collectivités et au mécénat. Le cabinet identifie deux voies pour faire appel aux dons des entreprises comme des particuliers : d'abord, celle de campagnes ponctuelles « *autour d'une urgence ou d'un projet emblématique du territoire* ». C'est ainsi que le département du Doubs a financé l'acquisition d'une toile de Courbet, le conseil général récoltant 2,5 millions d'entreprises locales sur les quatre nécessaires. Seconde voie : une « *structuration pérenne pour [...] soutenir un ensemble de politiques publiques* », telles que les « missions mécénat » de Rouen, Reims et des Hauts-de-Seine, ou le fonds de dotation de Bordeaux.

Jouer de la proximité du *crowdfunding*

Embryonnaire pour le financement de projets de collectivités, le *crowdfunding* ou financement participatif se veut aussi plus réactif, via des plateformes internet, et plus souple car moins encadré juridiquement. Le tout sans intermédiaire bancaire. Au 1er semestre 2014, plus de 66 millions d'euros ont été levés directement auprès des Français, multipliant par deux les résultats du 1er semestre 2013. Les prêts restent la voie privilégiée (56,5 %) devant les dons (29 %) et les participations au capital (14,5 %). La proximité géographique du projet est un critère majeur de la décision d'investissement des épargnants. Les élus locaux voient là un levier nouveau pour doper leurs projets d'investissements. Récemment, la commune de Bergues (Nord) a lancé un appel de fonds pour finaliser le budget d'un million d'euros nécessaire à la rénovation du beffroi.

Document n° 13 : Mutualisation : À Toulouse, la ville et l'interco affichent des économies – Fabienne Proux – *La Gazette des Communes* – 1er octobre 2012 – 2 pages.

Mutualisation : À Toulouse, la ville et l'interco affichent des économies

Dès sa création en 2009, la communauté urbaine de Toulouse a posé comme principe de base la mutualisation de ses directions support. Il en ressort une optimisation des ressources humaines et de substantielles économies.

La quasi-totalité des grandes intercommunalités se sont constituées sur un principe de double administration, à l'instar de Nantes, Lyon, Bordeaux ou Marseille. En transformant sa communauté d'agglomération en communauté urbaine (CU) le 1er janvier 2009, Toulouse (440 000 habitants pour la ville centre et 703 000 habitants pour la CU de 37 communes, Haute-Garonne) a fait le choix de la mutualisation des services entre la CU et la ville centre. Un principe qui s'applique aux cabinets du maire et du président, à la direction générale des services, à douze directions et services support, à l'exception des deux directions des finances. « *Cela tient à des considérations surtout techniques, mais aussi pour partie politiques* », indique Édouard Guerreiro-Bochereau, chargé d'études prospectives à la direction des ressources humaines de la ville. « *Un travail a cependant été conduit sur l'uniformisation des outils informatiques, des systèmes d'information financière et des procédures de travail.* »

Éviter les doublons

Quatre compétences restent strictement municipales et gardent leur direction générale : la culture, la solidarité, la tranquillité-domaine public et l'éducation, jeunesse, loisirs et sports. « *Le périmètre de mutualisation a évolué progressivement* », précise Édouard Guerreiro-Bochereau. Après les fonctions support, quelques mutualisations techniques sur l'entretien des bâtiments et du parc automobile ont été réalisées, puis l'évolution s'est faite au fil de l'eau entre janvier 2009 et décembre 2010 pour intégrer des fonctions complémentaires telles que la communication interne ou la direction de la communication.

Deux objectifs majeurs ont guidé la démarche : éviter les doublons en utilisant les ressources disponibles à la ville et maintenir une administration de proximité, avec huit pôles territoriaux qui dépendent du directeur général des services (DGS) et assurent sur le territoire les compétences de la CU en matière de voirie, gestion de l'espace public... Ainsi, les effectifs de l'établissement public de coopération intercommunale (EPCI) sont passés de 250 salariés en communauté d'agglomération à 2 700 en communauté urbaine. 1 500 agents sont mutualisés, c'est-à-dire qu'ils travaillent à la fois pour la CU et pour la ville et 1 200 travaillent exclusivement pour Toulouse métropole, soit sur des compétences qui lui sont propres, soit dans les pôles territoriaux. Une cinquantaine d'embauches ont été nécessaires pour renforcer les effectifs sur le territoire, mais « *en ne créant pas de double administration, nous avons évité 181 recrutements, soit une économie estimée à 6,3 millions d'euros par an sur la base de 35 000 euros brut par emploi* », indique Philippe Mahé, DGS de Toulouse métropole et de la ville. « *Nous partons du principe que sans la mutualisation, les services support de la ville auraient conservé leurs effectifs, et ceux de Toulouse métropole auraient dû se doter des moyens que la ville met à sa disposition aujourd'hui* », ajoute Édouard Guerreiro-Bochereau. « *L'objectif n'était pas de chercher à faire des économies spontanément, mais d'avoir une utilisation raisonnée des ressources et ainsi d'éviter des dépenses supplémentaires.* »

Harmonisation

Mutualisation rime aussi avec harmonisation des conditions d'emploi et de rémunération des personnels. Une étape d'autant plus délicate à réaliser qu'avant le passage en communauté urbaine, il existait autant de régimes indemnitaires et de possibilités de déroulement de carrière que de communes. La solution a consisté à créer une grille identique pour la ville et la CU. Le surcoût de 20 %, soit 6 millions d'euros sur deux ans, a été totalement absorbé par la dotation supplémentaire de l'État versée au titre du passage en CU (28 millions). Cette harmonisation facilite de plus les transferts de salariés d'un service à l'autre et d'une collectivité à l'autre en fonction de l'évolution des besoins. « *La dotation supplémentaire a aussi servi à financer les services opérationnels dont les pôles de proximité et les transports* », ajoute Philippe Mahé soulignant au passage les gains de temps obtenus du fait de la réduction des échelons de décision simplifiant l'arbitrage des dossiers et par la tenue de réunions des cadres communes ville et CU. « *Ce n'est pas quantifiable, mais l'efficacité de l'action publique est dopée* », assure le DGS. Enfin, Toulouse a mis en place une commission de suivi et d'évaluation des charges de mutualisation qui produit notamment un rapport annuel détaillé des montants liés à ces charges. De fait, la mutualisation génère des flux financiers croisés entre l'EPCI et la ville centre (26,7 millions d'euros à Toulouse et Toulouse métropole en 2011) qu'il faut pouvoir justifier auprès des élus. D'autant que le solde net s'élève à 10 millions d'euros à la charge de la ville centre, les directions étant principalement mutualisées depuis l'intercommunalité. « *Ce coût supplémentaire pour la ville est à mettre en regard de la charge de personnel qu'elle aurait conservé sans la mutualisation* », précise Édouard Guerreiro-Bochereau.

Fabienne Proux

JURIDIQUE

Le décret n° 2011-515 du 10 mai 2011 relatif au calcul des modalités de remboursement des frais de fonctionnement des services mis à disposition dans le cadre de l'article L. 5211-4-1 du CGCT a pour conséquence d'abandonner le système de calcul au forfait pour passer à un système basé sur le coût réel. Ce remboursement s'effectue sur la base d'un coût unitaire de fonctionnement du service multiplié par le nombre d'unités de fonctionnement constaté par l'EPCI ou la commune bénéficiaire de la mise à disposition.

3 % : C'est l'évolution de la masse salariale de la ville de Toulouse en 2011 (308 millions d'euros, 7 400 salariés), contre 5 à 6 % par an entre 2001 et 2007 (250 embauches).

120 M€ : C'est le poids de la masse salariale de Toulouse métropole en 2011 (2 700 salariés), soit 18 % du budget de fonctionnement de la communauté urbaine.

L'EXPERT : Joël Bernot, avocat au barreau de Nantes

« Les conventions devront être réécrites »

« La loi de réforme des collectivités territoriales du 16 décembre 2010 impose un réexamen des pratiques existantes en matière de mutualisation. Il importe de rappeler que les conventions de mise à disposition de services ne concernent que les domaines dans lesquelles existe un transfert de compétences.

Pour une mutualisation ascendante [de la commune vers l'établissement public de coopération intercommunale, EPCI], ce régime ne s'applique qu'en cas de transfert partiel de compétences, le transfert total d'une compétence entraînant, de droit, le transfert des services chargés de leur mise en œuvre. En outre, de nouvelles règles financières sont prévues pour les mises à disposition de services [article 5211-16 du Code général des collectivités territoriales, CGCT, résultant du décret du 10 mai 2011]. Pour les services fonctionnels, les plus souvent visés lorsque l'on parle de mutualisation, c'est le nouveau dispositif de la création de services communs qui a principalement vocation à s'appliquer. Ces services communs, dont le régime est prévu par l'article L. 5211-4-2 du CGCT, sont rattachés à l'EPCI. Les conventions de mutualisation signées à ce jour devront donc être réécrites pour être mises en conformité avec le nouveau corpus juridique. »

Proposition de correction

La proposition de correction qui suit n'a qu'une valeur de proposition. Il ne s'agit en aucun cas d'un corrigé-type.

■ Analyse du sujet

Le cadre administratif est bien posé par le libellé du sujet (« Attaché territorial, vous êtes chargé(e) de mission auprès de la Directrice générale des services (DGS) de la commune d'Alpha (100 000 habitants). »). La taille de la commune est ici un élément important pour la suite du devoir.

De même, le libellé du sujet indique clairement la note à rédiger et le contexte de la demande hiérarchique : « *La commune s'interroge sur les moyens de continuer à investir et à financer de nouveaux projets dans le contexte de baisse des dotations de l'État.*
Afin de présenter au Maire les choix possibles pour faire face à cette nouvelle donne budgétaire, la DGS vous demande de rédiger à son attention, exclusivement à l'aide des éléments du dossier, une note sur les leviers dont dispose la collectivité pour retrouver des marges de manœuvre. »

Eu égard ce libellé de sujet, il est nécessaire de rechercher des moyens de financer des nouveaux projets, ce qui implique à la fois de mieux gérer les recettes et dépenses, ainsi que de se montrer imaginatif dans la quête de moyens financiers supplémentaires.

Il est important que la note soit exclusivement rédigée à l'aide des éléments du dossier.

Nous attirons votre attention sur le fait que le présent sujet ne constitue en aucun cas une note de synthèse générale sur la gestion budgétaire d'une commune. Votre note doit concerner uniquement les points précis mentionnés dans la commande de votre supérieur hiérarchique.

■ Analyse des documents

Ce dossier comporte un grand nombre de documents. Il n'y a pas à proprement parler de document central ou pivot. Tous les documents sont en lien direct avec le traitement de la commande et aucun ne pose de difficulté particulière.

Document n° 1 : Cet extrait d'un rapport de la Cour des comptes synthétise les difficultés budgétaires des collectivités territoriales.

Document n° 2 : Ce document présente divers exemples d'optimisation des dépenses des collectivités territoriales.

Document n° 3 : Ce document est consacré à la révision des politiques tarifaires.

Document n° 4 : Ce document évoque le recours à l'emprunt.

Document n° 5 : Cet article présente à la fois l'intérêt et la difficulté de bénéficier de subventions pour la réalisation de projets importants.

Document n° 6 : Cet article mentionne les possibilités de financement par la gestion du patrimoine immobilier des collectivités territoriales.

Document n° 7 : La flotte automobile est également un des vecteurs possibles d'économies.

Document n° 8 : Cet article évoque les difficultés à maîtriser la masse salariale et les moyens d'optimiser la gestion des personnels.

Document n° 9 : Ce document mentionne les multiples modes de financement des activités culturelles.

Document n° 10 : Ce document traite de l'évaluation des politiques publiques à l'aune de la performance et du service rendu aux usagers.

Document n° 11 : Cet article évoque l'évaluation des politiques publiques locales.

Document n° 12 : Ce document évoque les possibilités de mode de financement complémentaire.

Document n° 13 : La mutualisation des équipements est également un facteur important d'économies.

■ Plan

Le plan le plus logique et cohérent pour ce sujet est de scinder les dépenses et les recettes.
I. Vers une meilleure gestion des dépenses
II. La nécessaire diversification des recettes

■ Note

Commune d'Alpha

Lieu, date

Affaire suivie par *(attention aux ruptures d'anonymat : n'indiquez pas votre nom réel)*

Note à l'intention de M. le maire
S/C de la voie hiérarchique

Objet : la commune d'Alpha face aux nouveaux enjeux budgétaires

Références : vos instructions verbales

Introduction

Compte tenu d'un désengagement progressif de l'État, illustré notamment par la baisse de la dotation globale de fonctionnement, et de la nécessité de résorber la dette publique, la commune d'Alpha fait face à de nouveaux problèmes budgétaires. Le respect des engagements européens de la France et de ceux pris par les exécutifs des collectivités territoriales devant leurs citoyens implique de répondre à la double problématique de la hausse des dépenses de fonctionnement et du ralentissement des recettes fiscales.
Ce contexte implique de nouveaux modes de gestion budgétaire (I) afin de pouvoir poursuivre les dépenses d'investissement et financer de nouveaux projets (II).

Première partie : vers une meilleure gestion des dépenses

La réforme des rythmes scolaires et le poids de la masse salariale ont représenté pour les communes deux éléments majeurs de la croissance de leurs dépenses. S'il paraît difficile de réduire la masse salariale, il convient *a minima* de la stabiliser, et plus généralement d'évaluer les dépenses engagées afin de mieux gérer les dépenses et investissements engagés.

a) Sous-partie : l'évaluation des priorités de dépenses

Pour maintenir l'attractivité des territoires et préserver la valeur des actifs, il est absolument inenvisageable de couper aveuglément dans les dépenses d'investissement. Ainsi, les dépenses essentielles à la collectivité (comme les écoles maternelles et primaires pour les communes) ne peuvent être pénalisées dans les nécessaires arbitrages à effectuer.

De manière générale, le bien-fondé d'une dépense sera évalué sur la base du service rendu à la collectivité et du coût induit. Ainsi, la logique de suppression doit être plutôt employée en matière de doublons et de gaspillages. Il est notamment ainsi de la gestion de la flotte automobile, qui doit permettre d'importantes économies.

De même, avant chaque achat ou investissement, il est souhaitable de raisonner selon le coût de revient. En effet, chaque équipement public implique un coût induit (maintenance, entretien, personnel, ...) qui doit faire l'objet d'une prise en compte budgétaire précise. De même, il devient de plus en plus fréquent de tester et d'évaluer les politiques publiques selon des critères de performance, notamment dans le service rendu aux usagers. Le « design » de politiques publiques locales entend ainsi étudier la qualité et l'efficience des choix publics. Il est de même de la démarche d'évaluation des politiques publiques.

b) Sous-partie : la réduction et l'optimisation des dépenses

La mutualisation est un moyen pertinent d'optimiser les dépenses, notamment s'agissant des équipements publics (médiathèques, piscines, ...) ou de certains supports techniques (entretien des véhicules et du parc automobile, ...) qui peuvent être regroupés au niveau intercommunal.

En matière de masse salariale, la réduction est un objectif difficile à atteindre. Le maintien de services publics et la politique sociale des collectivités territoriales impliquent que la réduction des personnels est très délicate, sauf à ne pas remplacer certains agents partant à la retraite. Dans la mesure où l'augmentation des frais de personnel est également liée à des mesures décidées au niveau national, les marges de manœuvres sont localement étroites.

Les leviers d'action en matière salariale résident plutôt dans le fait de pouvoir attendre un travail quantitativement et qualitativement meilleur de la part des agents publics. L'effort portera alors sur la motivation des agents, la lutte contre l'absentéisme, la gestion optimisée des horaires de travail, la gestion prévisionnelle des effectifs ou bien encore la prévention des accidents de travail. C'est notamment l'enjeu de la gestion prévisionnelle des emplois, des effectifs et des compétences.

En dernier recours, une réflexion pourrait être engagée sur le maintien de certaines activités. Le recours au secteur privé peut être envisager sous la forme de délégations de service public.

Deuxième partie : la nécessaire diversification des recettes

Dans le domaine de la diversification des recettes, les collectivités locales doivent faire preuve d'une grande ingéniosité. Dans la recherche d'un large autofinancement des projets, il convient de prêter une attention toute particulière aux potentiels financements extérieurs.

a) Sous-partie : l'augmentation des ressources propres à la collectivité

Pour des raisons liées à l'impopularité d'une telle mesure, le recours à l'augmentation des bases d'imposition n'est pas une solution à préconiser de manière systématique.

En revanche, la révision de la politique tarifaire des services et équipements publics est une piste qui doit être étudiée. Il pourra en être ainsi des cantines scolaires, de l'accueil périscolaire, des piscines ou bien encore des bibliothèques municipales. Une réflexion sur la tarification doit dissocier les services captifs (cantine scolaire par exemple) des services non captifs (piscine municipale par exemple). Il sera plus aisé d'augmenter la tarification des premiers, tandis qu'une forte hausse des tarifs des seconds risques d'avoir un effet contre-procuctif en réduisant leur fréquentation. La difficulté de l'opération réside dans la définition d'un tarif-pivot et d'une nouvelle grille tarifaire, qui vont permettre d'accroître les recettes sans diminuer la fréquentation.

Enfin, grâce à des cessions d'une partie de leur patrimoine immobilier ou des locations pour certains événements ponctuels (privatisation de certains sites ou bâtiments remarquables), les collectivités territoriales peuvent disposer de ressources complémentaires, sans avoir besoin de recourir à la fiscalité locale ou à une modulation de leurs grilles tarifaires.

b) Sous-partie : le recours aux financements extérieurs

Le financement participatif (ou *crowfunding*) est un mode de financement prenant de plus en plus d'ampleur pour les collectivités locales. Il peut intervenir à titre de complément des modes de financements classiques, ou même se substituer à eux. En toute hypothèse, ce type de financement sera consacré à un projet bien déterminé et qui peut être susceptible de recueillir une large adhésion (école, entretien du patrimoine, ...).

Dans un contexte global de niveaux bas des taux d'intérêts, le recours à l'emprunt est une possibilité qui doit être étudiée avec soin. Il est envisageable d'emprunter auprès des établissements bancaires traditionnels ou auprès de la Banque Européenne d'Investissement (BEI) pour financer certains équipements. D'une manière générale, une saine dépense d'investissement (infrastructures lourdes, réseaux de transport, très haut débit, transition énergétique, ...) peut être financée au besoin par un emprunt. Les études du FMI révèlent ainsi qu'un euro d'investissement public a un effet multiplicateur de trois euros d'activités privées, lesquelles donneront ensuite lieu à des impôts et taxes au profit de la collectivité publique. Les financements européens, par le biais de subventions, constituent un mode de financement permettant la réalisation de projets significatifs. Toutefois, l'identification des financements possibles, la constitution de dossiers de candidature, le suivi de projet, les actions de communication et l'activité de *lobbying* sont des étapes difficiles qui impliquent le recours à des personnels spécialisés. Cette difficulté peut également se retrouver dans la quête de financements étatiques, mais à une moindre échelle.

La même exigence de professionnalisation des agents (ou de prestataires externes) est également attendue pour le financement des actions culturelles. Qu'il s'agisse du financement participatif, de la recherche de mécènes privés (entreprises ou personnes physiques) ou de la quête de subventions, les démarches impliquent l'emploi d'un personnel spécialisé. Les stratégies de communication et de marketing auront alors un rôle important à jouer dans l'aboutissement des projets. Dans le domaine de la culture, les partenariats publics privés sont également un moyen de bénéficier de ressources extérieures.

Conclusion

L'exigence de rigueur budgétaire et les attentes des usagers en terme de qualité de service rendu impliquent de se montrer à la fois imaginatif et rigoureux dans la gestion des dépenses et dans la quête des ressources financières des collectivités territoriales. Le recours à des financements privés s'inscrira ici notamment comme l'un des axes de la modernisation de l'action publique.

Signature
Nom et prénom
(attention aux ruptures d'anonymat)

LES ÉPREUVES D'ADMISSION

PARTIE II

1| L'ÉPREUVE D'ENTRETIEN AVEC LE JURY

■ PRÉSENTATION DE L'ÉPREUVE D'ENTRETIEN AVEC LE JURY

L'entretien avec le jury vise à apprécier, le cas échéant sous forme d'une mise en situation professionnelle, les connaissances administratives générales du candidat et sa capacité à les exploiter, sa motivation et son aptitude à exercer les missions dévolues au cadre d'emploi, notamment dans la spécialité choisie. L'entretien dure 20 minutes et l'épreuve est affectée d'un coefficient 4. Cette épreuve d'admission joue un rôle important dans la réussite au concours : affectée d'un coefficient 4, elle représente plus de la moitié du coefficient des deux épreuves écrites d'admissibilité, dont le coefficient total est de 7, et le tiers du coefficient 12 de l'ensemble des épreuves.

Selon le terme de la note de cadrage national, « *le libellé de cette épreuve ne doit pas égarer le candidat : l'épreuve ne consiste pas en un entretien "à bâtons rompus" avec un jury, mais repose sur des questions du jury destinées à apprécier tant les connaissances que les aptitudes du candidat.*
Le libellé réglementaire de l'épreuve ne prévoyant ni sujet tiré au sort, ni temps de préparation, les questions posées par le jury, choisies par celui-ci au sein d'une palette de questions qu'il a préalablement élaborées, appellent des réponses "en temps réel", sans préparation.
L'entretien dure le temps réglementaire sauf si le candidat y met fin prématurément.
Le candidat n'est pas autorisé à utiliser des documents pendant l'épreuve, ni CV ni aucun autre document. »

Le déroulement de l'épreuve d'entretien avec le jury

L'entretien comprend une présentation par le candidat de son parcours. Après la présentation de son parcours par le candidat, qui peut durer de 5 à 10 minutes, le jury peut interroger le candidat à nouveau sur son parcours, ses motivations et sa connaissance du métier d'attaché territorial.

Pour évaluer le profil du candidat, le jury peut être amené à poser des questions de mise en situation professionnelle. Le cas échéant, le jury pourrait s'attarder sur l'expérience professionnelle du candidat. Il peut également arriver que le jury questionne ponctuellement le candidat à propos des institutions publiques (État et collectivités territoriales) ou de toute autre question de culture générale (il n'existe pas véritablement de programme pour l'épreuve d'entretien avec le jury).

Il est aussi possible que le jury demande au candidat son opinion personnelle sur tel ou tel fait d'actualité ou question donnant lieu à débat.

Enfin, le jury mettra fin à l'entretien.

Les attentes du jury

La vocation essentielle de l'épreuve d'entretien avec le jury est de déterminer si le candidat est apte à exercer les responsabilités d'attaché territorial.

Un candidat doit donc :
- connaître le métier auquel il se destine et l'organisation des différentes collectivités territoriales ;
- s'exprimer correctement à l'oral, notamment en témoignant de bonnes qualités de réflexion et d'argumentation ;
- pouvoir satisfaire aux exigences morales que l'on est en droit d'attendre de la part d'un agent public ;
- avoir un niveau satisfaisant de culture générale et une vision claire du fonctionnement des institutions publiques, sans pour autant en disposer d'une maîtrise très approfondie ;
- être capable de répondre de manière argumentée et pondérée à une question portant sur l'actualité ou donnant lieu à débat ;
- répondre de manière nuancée et réfléchie aux questions de mise en situation professionnelle.

Selon la note de cadrage de l'épreuve d'entretien avec le jury diffusée par le centre de gestion du Rhône, « *le candidat peut, selon les cas, être entendu par un "sous-jury" composé de deux ou de trois personnes, voire par un "jury plénier".*
Le "jury plénier" comprend réglementairement trois collèges égaux (élus locaux, fonctionnaires territoriaux, personnalités qualifiées). Lorsque le nombre de candidats admissibles requiert le scindement du jury et l'adjonction d'examinateurs complémentaires, les candidats sont entendus par des sous-jurys comprenant pour partie des membres du jury plénier.
Un sous-jury peut par exemple être composé d'un directeur général de services, d'un adjoint au maire en charge du personnel, d'un responsable de service financier.
Le candidat doit bien mesurer la retenue que lui impose sa qualité de candidat face à un jury souverain : la familiarité, l'agressivité sont évidemment proscrites. Le jury, pour sa part, accueillera la plupart du temps les réponses du candidat avec une empathie qui ne préjuge en rien de la note qu'il attribuera. »

■ SE PRÉPARER À L'ÉPREUVE D'ENTRETIEN AVEC LE JURY

Épreuve fondamentale et décisive du concours, l'entretien avec le jury doit faire l'objet d'une préparation sérieuse de la part des candidats. Dans le cadre de votre préparation au concours, vous pourrez vous inspirer des conseils qui suivent. Pour approfondir votre préparation à l'épreuve orale, nous vous conseillons vivement de vous reporter au manuel *Réussir l'épreuve d'entretien* (écrit par Marc Dalens et publié par les Éditions Studyrama). Vous y trouverez de nombreux conseils et exercices pour vous entraîner à l'entretien avec le jury, ainsi que pour améliorer votre communication orale et gérer votre stress.

Adopter une posture physique correcte

En vous exprimant devant le jury, nous vous recommandons de :
- vous tenir droit sur le dossier de votre chaise (après que vous le jury vous a invité à vous asseoir) ;
- regarder tous les membres du jury ;
- tenir vos mains au-dessus de la table, mais sans les bouger à l'excès ;
- garder les genoux serrés.

Sur le plan de la tenue :
- présentez-vous devant le jury avec une tenue correcte (pas nécessairement en tailleur ou en costume cravate, mais le *jogging* et le *jean* sont à proscrire) ;
- si vous achetez une tenue neuve et/ou des chaussures pour le jour de l'oral, portez-les avant pour vous sentir plus à l'aise le moment venu ;
- les hommes doivent se présenter rasés et les jeunes femmes veilleront à ne pas trop se maquiller.

Le rôle du jury

Évacuons tout de suite une idée reçue trop répandue chez les candidats aux concours : en aucun cas le jury n'est là pour piéger les candidats. Le jour du concours, vous éviterez d'être pollué par les bruits de couloir, l'intoxication ambiante propre aux candidats déçus ou malintentionnés. Tenez-vous à l'écart de ce genre de discussions et concentrez-vous pour préserver vos moyens.

Vous devez savoir que les membres du jury sont très souvent désignés selon le mode du volontariat et apprécient de rencontrer les candidats aux différents concours. Ce sont donc des professionnels rompus à la pratique de jurys d'oraux et souhaitant poursuivre cet engagement en plus de leur travail quotidien et de leurs missions habituelles. Compte tenu de cette situation, le candidat doit bien se rendre compte que les membres du jury se trouvent dans un état d'esprit résolument positif. De fait, ils ont choisi de consacrer une partie de leur temps de travail à participer à un jury.

Quant au rôle essentiel du jury, il est, sur la base de la prestation du candidat, d'apprécier ses qualités de réflexion et ses connaissances, ainsi que son aptitude et sa motivation à devenir attaché territorial.

Les attentes du jury

Les attentes du jury d'oral du concours d'attaché territorial peuvent être résumées dans cet extrait de rapport de jury : « *La réussite est au prix d'un véritable investissement des candidats dans leur préparation, laquelle ne peut s'improviser quelques semaines avant les épreuves. D'une part, le concours d'attaché territorial impose une bonne maîtrise de l'environnement territorial, de ses fondamentaux comme de son actualité. D'autre part, les candidats doivent être en capacité de démontrer des aptitudes certaines à l'encadrement et au* management*. Il requiert également des capacités de réflexion, d'analyse, de synthèse et de proposition, inhérentes au cadre d'emploi.* »

Apprendre à gérer son stress

Tout d'abord, il vous faut savoir qu'il est illusoire de vouloir faire totalement disparaître son stress. En effet, le stress est une manifestation physique naturelle, dont les effets peuvent parfois être salutaires (exemple : un individu fuyant une agression aura une force et une vitesse décuplées). En revanche, si vous êtes sujet au trac, il vous faudra chercher à le maîtriser le plus possible, ou plus exactement à le retourner en votre faveur. En effet, le stress peut être exploité comme une source supplémentaire d'énergie disponible. En quelque sorte, le stress peut constituer un « coup de fouet » bénéfique qui peut se traduire par le dynamisme et la force de conviction du candidat.

Concrètement, entraînez-vous à parler en public en profitant de chaque occasion : fête de famille, réunion sportive ou associative, débat public, obligation professionnelle... À chaque fois, vous progresserez dans votre expression orale et diminuerez votre trac le moment venu. De même, lorsque certaines situations de la vie courante sont intimidantes pour vous (comme parler à un inconnu ou participer à un débat public en donnant votre point de vue), forcez-vous à dépasser votre stress et évaluez-vous *a posteriori*.

Si ces exercices vous paraissent réellement au-dessus de vos forces, par timidité extrême ou par un blocage psychologique, il ne faut pas hésiter à prendre rendez-vous chez un psychologue.

Ce professionnel est formé pour vous aider et saura certainement trouver la manière qui vous permettra de dépasser ce cap psychologique.

Que faire en cas de stress le jour de l'oral ?

L'attente avant d'entrer dans la salle est toujours un moment délicat. Vous êtes confronté aux autres candidats, vous scrutez les mines déconfites des candidats sortant de la salle, vous pouvez être déstabilisé par la trop grande confiance ostentatoire d'un candidat ou subir les bruits de couloir propres aux concours.

L'abus de café, de sucreries et de cigarettes est bien entendu proscrit. Nous pouvons vous indiquer plutôt le moyen suivant : dans la mesure du possible, isolez-vous. Posez les mains sur vos genoux, en position assise. Tenez-vous bien droit, mais dans une position qui vous est confortable. Fermez les yeux, faites le vide dans votre esprit et représentez-vous une image positive (un bon souvenir, votre dernier fou rire, un paysage agréable...). Inspirez et expirez fortement, le cas échéant avec la bouche. Vous pouvez également pratiquer quelques étirements. Insistez en particulier sur la nuque, les bras, les épaules et le dos. Inspirez et expirez franchement. Faites quelques exercices pour détendre les muscles de votre visage (bailler, faire une grimace...). À l'aide de ces exercices, vous vous détendrez et vous évacuerez une bonne partie de votre stress.

Se préparer à la présentation devant le jury

La présentation devant le jury est la première étape de l'épreuve d'entretien avec le jury. En effet, vous allez être introduit devant le jury qui vous demandera de justifier de votre identité (pièce d'identité et convocation), puis vous demandera de vous présenter. Il est possible que le jury précise quels sont les éléments qui devront figurer dans votre présentation : études, parcours professionnel, loisirs et centres d'intérêt, motivations pour exercer le métier...

Pour vous préparer à vous présenter devant le jury, nous vous conseillons d'établir au préalable votre *curriculum vitæ* (CV). Vous ferez figurer dans votre CV votre état civil (âge et situation de famille), votre parcours scolaire (études, diplômes et qualifications obtenus), vos expériences professionnelles passées et actuelles, vos loisirs et engagements éventuels (bénévolat, association...). Ensuite, vous décrirez brièvement ce que vos expériences personnelles (formation, travail, loisirs...) ont pu vous apporter de manière positive. Cet exercice vous permettra de synthétiser et structurer votre parcours personnel.

Ensuite, afin de préparer la présentation de vos motivations pour exercer le métier d'attaché territorial, nous vous conseillons de bien réfléchir sur les raisons principales de votre candidature (goût pour la matière juridique et/ou sociale et/ou toute autre spécialité, cadre hiérarchisé, volonté de travailler en équipe, sens du service public, diversité des missions...). Puis vous les retracerez en quelques lignes, par exemple sous forme d'énumération si ces raisons sont multiples. Cette démarche vous aidera à voir plus clair dans vos motivations. Mais en aucun cas vous ne devez apprendre par cœur un discours à réciter devant le jury.

N'hésitez pas à faire part au jury de vos démarches pour vous renseigner sur le métier : rencontre de fonctionnaires des collectivités territoriales, lecture de la presse spécialisée dans la fonction publique, suivi de l'actualité, visite de services publics territoriaux... Cela valorisera votre candidature et prouvera qu'elle est raisonnablement mûrie.

Vous pouvez clôturer votre présentation par une phrase ou une formule permettant au jury de comprendre que vous avez terminé de votre présentation.

En toute hypothèse, nous vous recommandons de :
• ne pas réciter au jury un discours « tout prêt » : restez naturel ;
• vous montrer modeste : ne cherchez pas à impressionner le jury.

Se préparer aux questions du jury

Le fait d'être interrogé par un jury ne doit pas vous impressionner ou vous déstabiliser. En aucun cas le jury ne cherchera à vous piéger. Ne soyez pas décontenancé parce que le jury vous coupe la parole et enchaîne sur une autre question. Partez de l'idée que les questions du jury sont pour vous l'occasion de valoriser votre candidature (n'oubliez pas que vous passez un concours sélectif).

Face aux questions du jury, vous devez :
• prendre le temps de bien comprendre la question (n'hésitez pas à demander au jury de répéter ou de préciser sa question) et de réfléchir un minimum à votre réponse ;
• être précis dans votre réponse, sans pour autant être trop long (même si vous avez des connaissances importantes quant à la question posée) ;
• prendre parti si la question le requiert, mais en restant nuancé dans votre réponse ;
• vous montrer franc et naturel (le jury est composé de professionnels qui détecteront très vite un candidat qui chercherait à dissimuler sa réelle nature) ;
• de même, il ne faut pas s'inventer des loisirs, expériences professionnelles ou personnelles imaginaires (lorsque le jury vous interrogera dessus, il se rendra vite compte de vos mensonges) ;
• ne pas hésiter à dire que vous ne savez pas répondre à la question posée.

Pour vous préparer aux questions du jury, vous devrez aussi :
• acquérir les connaissances théoriques nécessaires, notamment quant au fonctionnement des institutions publiques ;
• connaître le métier pour lequel vous postulez (grâce à ce manuel, mais également en cherchant à rencontrer des fonctionnaires travaillant dans différents services) ;
• vous tenir informé de l'actualité (par la télévision, la radio et Internet, mais également en prenant l'habitude de lire tous les jours un quotidien).

Améliorer son expression orale

L'un des meilleurs moyens pour améliorer son expression orale est d'être filmé. Vous pouvez ainsi vous rendre compte par vous-même de vos défauts (gestuelle excessive ou inexistante, tics de langage ou nerveux, regard fuyant, difficultés d'élocution, bégaiements...). L'attitude physique étant également très importante dans la réussite de l'épreuve d'entretien avec le jury, nous vous recommandons de visionner une seconde fois votre prestation, mais cette fois-ci en coupant le son. Par ailleurs, le fait d'être filmé vous permettra de juger du naturel de vos propos (vous ne devez pas réciter un discours préparé). De même, en étant filmé, vous vous rendrez compte du temps passé à répondre aux questions notamment lors de votre présentation (elle ne saurait excéder une durée de 5 minutes, ni être inférieure à 2 ou 3 minutes).

Enfin, vous pouvez également vous entraîner à l'épreuve d'entretien avec le jury et améliorer votre expression orale en simulant un entretien oral. Ainsi, un ou plusieurs de vos proches peuvent constituer le jury. Ils vous donneront ensuite de précieuses indications quant à votre prestation. Les questions qui suivent peuvent notamment vous être utiles dans l'élaboration de cette simulation de l'épreuve d'entretien avec le jury.

Exemples de questions posées lors de l'épreuve d'entretien avec le jury

Nous vous indiquons ci-après une liste indicative de questions susceptibles de vous être posées lors de l'épreuve d'entretien avec le jury. Nous n'indiquons délibérément pas les réponses à ces questions. En effet, pour les questions relatives à vos motivations ou opinions personnelles, vous devez bien avoir conscience qu'il n'y a pas de bonne ou de mauvaise réponse. L'essentiel est de vous montrer sincère et naturel devant le jury.

Questions sur le parcours et la personnalité du candidat

- Quels sont vos loisirs ?
- Quel est le dernier livre que vous ayez lu ?
- Quel est le dernier film que vous ayez vu ?
- Quel bilan pouvez-vous faire de vos études ?
- Que vous a apporté telle ou telle expérience professionnelle ?
- Pratiquez-vous un sport d'équipe ?
- Selon vos proches, quels sont vos principaux défauts/principales qualités ?

Questions sur les motivations et la connaissance du métier

- Quel sens donnez-vous au concept de service public ?
- Accepterez-vous un emploi éloigné de votre région d'origine ?
- Qu'est-ce qui vous motive dans le métier d'attaché territorial ?
- Préférez-vous travailler seul ou en équipe ?
- Connaissez-vous l'informatique ?
- Quel déroulement de carrière envisagez-vous ?
- Connaissez-vous des fonctionnaires territoriaux ?
- Quels sont selon vous les principaux avantages/inconvénients du métier d'attaché territorial ?
- Quelles doivent être les principales qualités d'un bon attaché territorial ?

Questions sur le fonctionnement des institutions

- Quelle est la durée du mandat du président de la République ?
- Résumez en quelques points les pouvoirs du maire.
- Comment est désigné le maire d'une commune ?
- Quels sont les principaux domaines de compétence de la région ?

Questions sur l'actualité ou donnant lieu à débat

- Quelles sont les dernières élections pour lesquelles vous ayez voté (notez bien que l'on ne vous demande pas pour qui vous avez voté...) ?
- Qui est le président des États-Unis ?
- Pouvez-vous citer dix pays membres de l'Union européenne ?
- Qui est le maire de votre commune ?
- Quel fait d'actualité a particulièrement retenu votre attention ?

■ EXTRAITS DE NOTE DE CADRAGE SUR L'ÉPREUVE D'ENTRETIEN AVEC LE JURY

Ces extraits permettent au candidat de mieux comprendre les attentes du jury et de se préparer au mieux à l'épreuve d'entretien avec le jury.

I. L'appréciation des connaissances et aptitudes, et de la motivation

Le jury adopte une grille d'entretien conforme au libellé réglementaire de l'épreuve, qui peut être ainsi précisée :
- connaissances administratives générales et capacité à les exploiter ;
- questions en lien avec les missions, aptitude à l'encadrement ;
- connaissances administratives générales ;
- connaissances plus spécifiques dans les spécialités autres qu'administration générale ;
- une motivation appréciée tout au long de l'entretien ;
- questions sur le projet professionnel.

II. Les connaissances administratives générales et la capacité à les exploiter

Les connaissances et aptitudes que le jury entend évaluer le sont à l'aune des missions exercées par un attaché territorial et des fonctions qui lui sont confiées.

A. Des questions en lien avec les missions dévolues aux attachés territoriaux

1) Définition réglementaire des missions

Ces missions sont définies par le décret n° 87-1099 du 30 décembre 1987 modifié portant statut particulier du cadre d'emploi des attachés territoriaux (extraits) :

« Les membres du cadre d'emploi exercent leurs fonctions sous l'autorité des directeurs généraux des services des départements et des régions, des secrétaires généraux ou secrétaires des communes ou des directeurs d'établissements publics et, le cas échéant, des directeurs généraux adjoints des départements et des régions, des secrétaires généraux adjoints des communes, des directeurs adjoints des établissements publics ou des administrateurs territoriaux en poste dans la collectivité ou l'établissement.

Ils participent à la conception, à l'élaboration et à la mise en œuvre des politiques décidées dans les domaines administratif, financier, économique, sanitaire, social, culturel, de l'animation et de l'urbanisme. Ils peuvent ainsi se voir confier des missions, des études ou des fonctions comportant des responsabilités particulières, notamment en matière de gestion des ressources humaines, de gestion des achats et des marchés publics, de gestion financière et de contrôle de gestion, de gestion immobilière et foncière et de conseil juridique. Ils peuvent également être chargés des actions de communication interne et externe et de celles liées au développement, à l'aménagement et à l'animation économique, sociale et culturelle de la collectivité. Ils exercent des fonctions d'encadrement et assurent la direction de bureau ou de service.
Ils peuvent, en outre, occuper les emplois administratifs de direction des collectivités territoriales, des mairies d'arrondissement ou de groupe d'arrondissements des communes de Lyon et de Marseille assimilés à des communes et des établissements publics locaux assimilés dans les conditions prévues par les articles 6 et 7 du décret n° 87-110 1 du 30 décembre 1987.
[...]. »

2) Aptitude à l'encadrement

Le jury détermine les aptitudes du candidat à l'encadrement ainsi que son intérêt pour les techniques et outils utilisés en la matière. Il recourt à des questions et/ou à des mises en situation pouvant concerner, notamment les thèmes suivants :
- le recrutement ;
- l'évaluation ;
- la conduite d'entretien/la communication/la capacité à rendre compte ;
- la gestion de conflit ;
- la capacité à motiver, proposer, conduire/déléguer ;
- la capacité d'organisation ;
- la conduite de projet/le pilotage d'opération/la conduite du changement ;
- la connaissance du statut en matière de gestion des ressources humaines ;
- ...

B. Des connaissances administratives générales

Quelle que soit la spécialité, l'intitulé réglementaire de l'épreuve, en ce qu'il précise que les connaissances sont appréciées « *le cas échéant sous forme d'une mise en situation professionnelle* » et que sont évaluées non seulement les connaissances du candidat mais aussi sa « *capacité à les exploiter* », invite le jury à contextualiser ses questions, ou, à tout le moins, à s'attacher particulièrement à vérifier les connaissances nécessaires à un attaché territorial en situation.

1) Un socle de connaissances commun à toutes les spécialités : les connaissances administratives générales

Le contexte dans lequel les collectivités territoriales exercent leurs compétences. et notamment les réformes institutionnelles projetées ou en cours, les rapports officiels d'actualité ayant des incidences sur le fonctionnement des collectivités territoriales, doivent être connus du candidat. Chaque candidat doit être particulièrement attentif aux questions d'actualité.

Des connaissances minimales des collectivités territoriales sont indispensables à tout candidat quelle que soit sa spécialité, le jury pouvant vérifier notamment la maîtrise de connaissances basiques qu'un citoyen éclairé et *a fortiori* un futur fonctionnaire territorial ne sauraient ignorer.

Dans la spécialité administration générale, des connaissances particulièrement approfondies en la matière sont attendues des candidats. Les questions peuvent notamment porter sur les thèmes ci-après, donnés ici à titre indicatif et qui ne sauraient constituer un programme réglementaire dont le candidat pourrait se prévaloir.
- Décentralisation et déconcentration
- Droits et obligations des fonctionnaires
- La fonction publique territoriale
- Les collectivités territoriales et leurs établissements publics : leurs organes et leurs principales compétences
- Les principales caractéristiques des collectivités territoriales selon leur nature et leur taille
- La répartition des pouvoirs et les modes de décision dans les collectivités territoriales
- Notions de base en matière de finances publiques locales
- Notions sur le processus d'élaboration budgétaire
- La démocratie locale
- Les moyens juridiques d'action des collectivités territoriales, la commande publique (marchés publics, partenariat public-privé...)
- Les relations entre l'administration et les administrés
- L'accessibilité des services publics
- Le contrôle de légalité des actes des collectivités territoriales
- Notions sur les politiques publiques sectorielles des collectivités territoriales
- L'évaluation des politiques publiques
- ...

2) Des connaissances plus spécifiques pour les spécialités gestion du secteur sanitaire et social, analyste, animation, urbanisme et développement des territoires

Pour les candidats ayant choisi l'une de ces spécialités, le jury recourt à des questions et/ou des mises en situation faisant appel à des connaissances propres à cette spécialité. Les questions peuvent notamment porter sur les thèmes suivants, donnés ici à titre indicatif et qui ne sauraient constituer un programme réglementaire dont le candidat pourrait se prévaloir.

Gestion du secteur sanitaire et social
* Données générales (bases de la protection sociale, évolution de la population, de la population active, disparités territoriales)
* Les conditions de travail (comité d'hygiène, de sécurité et des conditions de travail (CHSCT), accidents de travail, maladies professionnelles, risques psychosociaux)
* Le rôle des collectivités territoriales en matière de politique de l'emploi, de formation et d'insertion professionnelle
* La protection sociale : les régimes, la protection complémentaire, les mutuelles et assurances, le financement, la gouvernance
* L'action sociale et l'aide sociale : distinction, les publics, le schéma départemental, financements, cheminement d'un dossier, disparités, minima sociaux
* Les politiques sociales et de solidarités : politiques familiales, de prévention et de protection de l'enfance et adolescence, politique de santé – offre et demande, loi Hôpital, patients, santé et territoires (HPST), agences régionales de santé (ARS), planification médicale et médicosociale des territoires –, du handicap, du vieillissement, lutte contre la pauvreté et l'exclusion, politique du logement social, politique de la ville
* ...

Analyste
* Les marchés publics d'informatique et de télécommunication
* Maîtrise d'ouvrage, maîtrise d'œuvre, maîtrise d'usage
* La sécurité juridique en matière d'informatique
* La dématérialisation
* L'aménagement numérique des territoires
* Informatique et liberté, propriété intellectuelle
* L'interopérabilité (communication entre les systèmes)
* Les réseaux sociaux et leurs usages
* Les principaux matériels et leurs évolutions récentes
* l'e-administration

- les logiciels l bres
- la sécurité technique informatique
- la gestion de projet informatique
- l'interface techniciens-utilisateurs-décideurs
- la libération ces données publiques
- ...

Animation
- La politique de la ville
- Données essentielles de la législation et de la réglementation spécifiques aux secteurs des loisirs, du travai social, en matière de protection des mineurs et concernant l'hygiène et la sécurité (restauration, locaux...)
- L'intervention des collectivités territoriales et de leurs partenaires dans les secteurs :
– périscolaires cu scolaires (service minimum d'accueil)
– de la culture
– des sports
– de la jeunesse
– des personnes âgées
– de l'animation des quartiers
– du développement social urbain
– de la prévention de la délinquance
– du développement des territoires
– de l'insertion
- Les acteurs institutionnels et les partenaires
- Les aspects financiers (recherche de financements...)
- La prise en compte de la différence (mixité, handicap...)
- La démarche participative (conseils municipaux de jeunes...)
- ...

Urbanisme et développement des territoires
- L'aménagement du territoire
- La législation relative à l'environnement
- Le développement durable
- Le développement local
- La politique de la ville et le développement social urbain
- La mixité sociale
- Les programmes locaux de l'habitat (PLH)

- Les opérations d'intérêt national (OIN)
- La concertation
- L'intercommunalité
- Les documents d'urbanisme et leur élaboration
- La fiscalité de l'urbanisme
- Les outils opérationnels (ZAC, PAE, PUP, lotissement...)
- La domanialité publique et ses revenus
- La gestion foncière
- Les autorisations du sol
- Les autorisations d'occupation temporaire
- L'aménagement numérique du territoire
- Les réserves foncières
- ...

III. Une motivation appréciée tout au long de l'entretien

L'entretien commence par quelques questions du jury destinées à mesurer comment le concours d'attaché territorial s'inscrit dans le parcours de formation et le projet du candidat. La motivation du choix de la fonction publique, et plus particulièrement de la fonction publique territoriale, la conception du service public, la connaissance des différentes missions susceptibles d'être exercées par un attaché territorial et des différents métiers de son environnement professionnel, la perception d'une évolution professionnelle... sont ainsi évaluées.

Tout au long de l'entretien, le jury cherche à évaluer si le candidat est réellement motivé et prêt à exercer les responsabilités confiées à un attaché territorial, s'il a un intérêt pour le monde qui l'entoure, notamment pour l'évolution de l'administration territoriale, par exemple à travers des qualités de comportement telles que le dynamisme, la curiosité intellectuelle et l'ouverture d'esprit.

On mesure ici que cette épreuve orale peut, d'une certaine manière – même si la finalité de l'épreuve n'est pas de recruter un attaché dans un poste déterminé mais de s'assurer que le candidat est apte à en assumer les missions –, s'apparenter à un entretien d'embauche, les membres du jury se plaçant souvent dans une position d'employeur : s'il s'agissait d'un entretien de recrutement en vue de pourvoir un poste de responsabilité confié à un attaché territorial, ce que dit ce candidat, sa manière de se comporter conduiraient-ils à l'engager ? Au-delà de ses connaissances, fait-il la preuve des aptitudes et des qualités humaines et intellectuelles indispensables pour exercer les fonctions d'attaché et répondre au mieux aux attentes des autres décideurs, des agents qu'il encadrera et des usagers du service public ?

L'épreuve permet ainsi au candidat de faire la preuve de sa capacité à :

• être cohérent :
– en veillant à ne pas dire une chose puis son contraire,
– en sachant défendre ses idées et ne pas donner systématiquement raison à un contradicteur,
– en sachant convenir d'une absurdité ;

• gérer son stress :
– en apportant des réponses sans précipitation excessive, sans hésitations préoccupantes,
– en sachant garder, même s'il se trouve en difficulté sur une question, une confiance en lui suffisante pour la suite de l'entretien ;

• communiquer :
– en ayant réellement le souci d'être compris, grâce à une expression claire,
– en s'exprimant à haute et intelligible voix,
– en adoptant une élocution ni trop rapide ni trop lente,
– en s'adressant à l'ensemble du jury sans privilégier abusivement un seul interlocuteur ;

• apprécier justement sa hiérarchie :
– en adoptant une tenue et un comportement adaptés à sa « condition » de candidat face à un jury,
– en sachant ne pas être péremptoire, excessivement sûr de soi ni contester les questions posées,
– en sachant argumenter en cas de désaccord avec le jury ;

• mettre en œuvre curiosité intellectuelle et esprit critique :
– en manifestant un réel intérêt pour l'actualité,
– en sachant opposer des arguments fondés à ceux du jury,
– en sachant profiter d'une question pour valoriser des connaissances.

2| AMÉLIORER SA CULTURE GÉNÉRALE

On peut considérer que la culture générale regroupe les événements qui font l'actualité, les connaissances en relation avec le cadre institutionnel politique français et européen, les règles du comportement citoyen et l'ensemble des notions de base dans les disciplines scolaires. Il est donc illusoire de vouloir le maîtriser entièrement. Pour autant, vous veillerez à suivre les conseils suivants :
• prenez l'habitude de lire tous les jours un journal d'information et toutes les semaines un magazine d'actualité. Variez les titres afin de connaître les différents points de vue et sensibilités éditoriales de la presse française. Montrez-vous curieux, cherchez toujours à en savoir davantage et ne vous contentez surtout pas du journal télévisé de 20 heures ;
• travaillez sur des fiches de culture générale (vous en trouverez dans ce manuel) ;
• enfin, si vous pensez avoir des lacunes dans une matière particulière et importante (par exemple, l'histoire ou les institutions publiques), prenez un manuel simple de vulgarisation et étudiez-le avec attention.

■ LE SUIVI DE L'ACTUALITÉ

Un candidat à un concours administratif doit s'intéresser à l'actualité française et internationale. Il ne s'agit pas seulement d'être informé des derniers soubresauts de la marche du monde. Ne devenez pas prisonnier de l'événementiel. Le suivi de l'actualité doit vous permettre de parvenir à une meilleure compréhension du monde. En ce sens, vous devez toujours faire preuve, face à un événement donné, de recul et de sens critique. Pour parvenir à ce recul, nous vous conseillons de lire, de temps en temps, avec un certain retard (d'une semaine à quelques mois), les magazines d'actualité. Confrontez les faits et les analyses des journalistes à l'évolution ultérieure des événements. Vous constaterez que, bien souvent, la presse française manque d'esprit critique et est prisonnière de présupposés idéologiques. Il est facile de pratiquer cet exercice dans les bibliothèques publiques car elles disposent de plusieurs numéros pour un même titre de presse.

Cet intérêt pour l'actualité doit se renforcer plus particulièrement en ce qui concerne les domaines en relation avec le métier auquel le candidat se destine (exemple : la délinquance pour les métiers de la sécurité, la culture pour les métiers en rapport avec le monde culturel, l'éducation pour les concours de l'Éducation nationale...). À cet égard, il peut être intéressant – et cela est même souhaitable – que les candidats constituent des dossiers de presse sur les thèmes d'actualité (environnement, crise économique, Moyen-Orient, construction européenne...) et sur les sujets auxquels ils accordent une importance particulière. De même, on ne peut pas considérer que la lecture des journaux gratuits (*20 minutes*, *Métro*...) permette, à elle seule, un suivi satisfaisant de l'actualité. Il est toujours préférable de se fier à plusieurs sources d'information : la radio, la télévision et la presse écrite.

Pour la radio, préférez les radios d'information (*France Info*, *FIP*...) et les grandes stations de radio (stations de Radio France, *RMC*, *Europe 1*, *RTL*...). En consultant les programmes des stations de radio, vous pourrez plus facilement trouver les horaires des informations et des émissions susceptibles de vous intéresser. La télévision est également une source intéressante d'information. Choisissez de concentrer votre attention sur les chaînes d'information continue (*LCI*, *BFM TV*...), les journaux de 20 heures de grandes chaînes et les émissions sérieuses traitant de sujets d'actualité. La télévision peut également présenter une intéressante utilité en raison de l'existence de chaînes étrangères d'actualité (*CNN*, *BBC World*...) qui permettent à la fois de s'informer, de trouver l'éclairage d'un point de vue étranger et de progresser en langue étrangère.

La presse écrite permet de bénéficier d'un certain recul sur l'information et de la mettre en perspective, notamment grâce aux analyses des journalistes. Nous vous conseillons donc de privilégier à la fois la lecture d'un quotidien (*Le Monde*, *Le Figaro*, *Libération*...) et d'un hebdomadaire d'actualité (*Le Point*, *L'Express*, *Le Nouvel Observateur*, *Valeurs actuelles*...). Les candidats pourront compléter cette lecture par celles d'une revue à caractère historique (*Nouvelle revue d'histoire*, *Historia*...) et d'une revue qui privilégie l'analyse et les débats de fond (*Éléments*, *Politique internationale*, *Hérodote*...). Les bibliothèques publiques permettent de procéder facilement à des revues de presse afin de connaître plusieurs points de vue et de se familiariser avec les diverses sensibilités éditoriales françaises. Variez au maximum les titres des revues et journaux que vous consultez à cette occasion. De même, vous pouvez également consulter les sites internet des journaux français et étrangers.

■ QU'EST-CE QUE LA CULTURE GÉNÉRALE ?

Le suivi de l'actualité est un préalable indispensable à l'acquisition d'une bonne culture générale, mais ce travail n'est pas suffisant à lui seul. En effet, le jury s'attachera à favoriser les candidats sachant utiliser un large fonds de connaissances. Il ne s'agit pas de rechercher uniquement l'accumulation de savoirs chez un candidat, mais d'évaluer sa curiosité intellectuelle et son ouverture d'esprit. En effet, un fonctionnaire se doit d'avoir une bonne compréhension du monde contemporain.

C'est précisément la culture générale qui permet cette compréhension. Le suivi de l'actualité, le sens critique, la capacité de recul historique, la faculté de réflexion personnelle et la capacité à produire une argumentation nuancée sont les qualités les plus attendues chez un fonctionnaire, c'est-à-dire chez un serviteur de l'État. Charles de Gaulle a raison d'écrire que « *la véritable école du commandement est la culture générale* ».

Concrètement, pour un candidat à un concours administratif, travailler à approfondir sa culture générale constituera bien souvent une rupture avec ses habitudes et une réorientation de ses choix personnels. Par exemple, il choisira d'écouter plutôt une station de radio orientée vers la culture ou l'actualité (notamment les différentes stations de Radio France, mais il est possible de varier également en choisissant des stations plus indépendantes) plutôt que les stations ne diffusant que des musiques contemporaines. Il faut avoir également conscience de la nullité de l'apport intellectuel de nombre d'émissions télévisées (le cas de la « téléréalité » est à cet égard confondant).

Comme nous l'avons vu, il est difficile de donner une définition exacte de la culture générale et d'en délimiter le domaine. Pour autant, il est permis de considérer qu'un certain nombre de disciplines entrent dans le champ de la culture générale :
• l'histoire contemporaine (à partir de 1789) ;
• la géographie, dans ses aspects humains (démographie, développement des villes, exode rural...) et économiques (échanges mondiaux, répartition des ressources naturelles, puissances émergentes...) ;
• les grands courants d'idées politiques, religieuses et philosophiques (connaissance minimale des trois religions monothéistes, des principaux courants politiques...) ;
• les arts et lettres (connaissance des principaux courants artistiques et des œuvres majeures, notamment de la littérature française...) ;
• la géopolitique (entendue comme la compréhension des enjeux globaux de la planète : lutte pour les ressources énergétiques, expansion de l'islamisme, mouvements migratoires massifs...) ;
• les institutions publiques françaises et européennes (sur le plan de leur fonctionnement, de leur histoire et de leur philosophie sous-jacente).

■ CULTIVER SON SENS CRITIQUE ET SON INDÉPENDANCE

Il n'est nul besoin d'être grand clerc pour constater qu'en France, l'information et la parole publique sont largement formatées et restent circonscrites dans un cercle de plus en plus étroit. Les raisons sont nombreuses : l'influence des aides publiques à la presse, les grands groupes financiers sont propriétaires des principaux médias, les restrictions croissantes à la liberté d'expression...
Outre la lecture des grands quotidiens et des principaux hebdomadaires d'actualité, ne négligez donc surtout pas les voix dissonantes et non conformistes. Confrontez les positions de chacun et faites-vous, en toute liberté, votre propre opinion.

On peut résumer cette nécessité de cultiver son sens critique et son indépendance par quelques conseils pratiques :
• cherchez un nouvel éclairage aux faits et aux événements ;

- faites remonter à la surface des éléments occultés (le caractère partiel d'une information démontre très souvent sa nature partiale) ;
- le discours dominant est, le plus souvent, à sens unique : cherchez les points de vue contradictoires ;
- en toute hypothèse, intéressez-vous aux opinions de tous les acteurs (ainsi, sur le plan de la géopolitique mondiale, prêtez autant d'attention à la voix de la Russie qu'à celle des États-Unis) ;
- sachez décrypter les images et les vidéos, avec recul et objectivité ;
- enfin, mettez toujours en perspective les événements en prenant en compte leur dimension historique, et géopolitique.

■ LIENS INTERNET UTILES

Actualité

- Google Actualités permet de varier les sources d'information pour la multiplicité des liens proposés.
- Journaux en ligne (*Le Monde, Le Figaro, Libération, Le Point, Valeurs actuelles...*).
- Sur un sujet d'actualité, essayez également de confronter l'analyse des grands médias et celles de sources plus marginales ou dissidentes, ou bien également issues de la presse étrangère si vous êtes capable de les lire.

Sites publics d'information

- www.ladocumentationfrancaise.fr
- Sur la modernisation de l'action publique : www.modernisation.gouv.fr
- Sur les collectivités territoriales : www.interieur.gouv.fr
- Sur le droit de la fonction publique : www.fonction-publique.gouv.fr
- Vous pouvez également utilement consulter les sites des différents ministères et des autorités administratives indépendantes (Cnil, Défenseur des droits...)
- Rapport de 2015 sur l'innovation territoriale :
www.action-publique.gouv.fr/files/files/PDF/2015_rapport_innovation_territoriale.pdf

Secteur animation

- www.education.gouv.fr
- www.ville.gouv.fr
- www.lien-social.com

Secteur sanitaire et social

- www.social-sante.gouv.fr
- www.lagazette-sante-social.fr
- www.lien-social.com

Secteur de la politique de la ville et du développement des territoires

- www.developpement-durable.gouv.fr
- www.ville.gouv.fr
- www.datar.gouv.fr
- www.territoires.gouv.fr

3| RAPPELS SUR LES INSTITUTIONS FRANÇAISES ET EUROPÉENNES

Les points suivants seront traités :
- le président de la République ;
- le Premier ministre et le gouvernement ;
- le Parlement ;
- l'administration de l'État dans le département et la région ;
- notions de base sur les institutions judiciaires ;
- les institutions européennes.

■ LE PRÉSIDENT DE LA RÉPUBLIQUE

Le président de la République et la Constitution de la Ve République

Depuis 1958, le régime politique de la France est la Ve République. Pouvant être définie comme la norme juridique supérieure organisant les institutions du pays, la Constitution de la Ve République a instauré un régime de type présidentiel.

Rédigée principalement par Michel Debré, la Constitution de la Ve République répond à la volonté du général de Gaulle de donner à l'exécutif les moyens d'assurer son rôle. Auparavant, entre 1946 et 1958, la IVe République, régime de type parlementaire, avait souffert d'une importante instabilité ministérielle.

En France, le président de la République occupe la plus haute fonction du pouvoir exécutif (qui est le pouvoir chargé de gérer la politique courante de l'État).

Le président de la République est ainsi le chef de l'État et des armées, ainsi que le garant de la Constitution.

Depuis 1962, le président de la République est élu au suffrage universel direct (il est élu directement par les Français), ce qui lui donne une incontestable légitimité nationale.

L'élection et le mandat du président de la République

La condition la plus importante pour être candidat à l'élection présidentielle est de recueillir au moins 500 signatures d'élus issus d'au moins 30 départements de France et d'outre-mer. Cette condition permet d'éliminer des candidatures fantaisistes ou trop minoritaires.

Le président de la République est élu pour un mandat de cinq ans (appelé quinquennat). Depuis 2002, le passage du septennat au quinquennat (ce qui entraîne l'organisation des élections présidentielles puis législatives à quelques semaines d'intervalles l'une de l'autre, rendant ainsi difficile l'hypothèse d'une nouvelle cohabitation) renforce encore son poids politique.

En cas d'empêchement ou de vacance de la présidence de la République, c'est le président du Sénat qui assurera l'intérim.

Le président de la République est irresponsable politiquement devant le Parlement : le Parlement ne peut lui demander de rendre compte de ses décisions et lui-même ne peut solliciter de vote de confiance de la part du Parlement (contrairement au Premier ministre).

Les pouvoirs du président de la République

Les attributions du président de la République sont principalement définies dans l'article 5 de la Constitution de 1958 : il « *veille au respect de la Constitution. Il assure par son arbitrage le fonctionnement des pouvoirs publics ainsi que la continuité de l'État. Il est le garant de l'indépendance nationale, de l'intégrité du territoire, du respect des accords de communauté et des traités* ».

Le président de la République nomme le Premier ministre.

Le président de la République promulgue les lois après leur adoption par le Parlement. Il préside également le Conseil des ministres, qui se tient généralement le mercredi à l'Élysée. Après la délibération au sein du Conseil des ministres, le président de la République signe les ordonnances et les décrets. Ce pouvoir réglementaire est partagé avec le Premier ministre.

À trois reprises au cours de la Ve République, il y a eu une cohabitation (le président de la République et le Premier ministre appartiennent à deux courants politiques différents, le Premier ministre appartenant au courant politique majoritaire au sein de l'Assemblée nationale), ce qui pose la question des pouvoirs propres du président de la République.

Sans avoir besoin de l'accord du Premier ministre, le président de la République peut :
- nommer le Premier ministre ;
- dissoudre l'Assemblée nationale ;
- saisir le Conseil constitutionnel ;
- présider le conseil des ministres et le Conseil supérieur de la Défense nationale.

Le président de la République peut décider également de consulter directement les Français sur une question précise (le référendum).

Le président de la République symbolise l'État français auprès des autres pays. Il est également le chef de la diplomatie : il accrédite les diplomates français et étrangers, il autorise la négociation et la ratification des traités internationaux.

Enfin, l'article 16 de la Constitution donne au président de la République des pouvoirs exceptionnels en cas de crise grave. Il peut prendre toutes les mesures qu'exigent les circonstances, mais celles-ci doivent être inspirées par la volonté d'assurer un retour à la normale dans les meilleurs délais. En période d'utilisation de l'article 16, le Parlement se réunit de plein droit et l'Assemblée nationale ne peut être dissoute. L'article 16 n'a été jusqu'ici utilisé qu'en 1961 par le général de Gaulle pendant la guerre d'Algérie.

Le président de la République et la justice

Le président de la République est garant de l'indépendance de l'autorité judiciaire. Il est, par ailleurs, le seul à disposer du droit de grâce.

Le président de la République est irresponsable pénalement et civilement. Ainsi, au cours de son mandat, sa responsabilité civile et pénale ne peut être engagée, sauf en cas de haute trahison. Dans ce cas, il sera jugé par la Haute Cour (composée de 11 sénateurs et de 11 députés). Jusqu'ici, cette hypothèse ne s'est jamais produite.

Les présidents de la Vᵉ République

- **1958 – 1965 :** premier mandat présidentiel du général de Gaulle
- **1965 – 1969 :** second mandat présidentiel du général de Gaulle (élection au suffrage universel direct en 1965, démission en 1969 à la suite de l'échec du référendum sur la réforme du Sénat et la régionalisation)
- **1969 – 1974 :** mandat présidentiel de Georges Pompidou (décès en cours de mandat)

- **1974 – 1981 :** mandat présidentiel de Valéry Giscard d'Estaing
- **1981 – 1988 :** premier mandat présidentiel de François Mitterrand (1986 – 1988 : cohabitation avec Jacques Chirac comme Premier ministre)
- **1988 – 1995 :** second mandat présidentiel de François Mitterrand (1993 – 1995 : cohabitation avec Édouard Balladur comme Premier ministre)
- **1995 – 2002 :** premier mandat présidentiel de Jacques Chirac (1997 – 2002 : cohabitation avec Lionel Jospin comme Premier ministre)
- **2002 – 2007 :** second mandat présidentiel de Jacques Chirac
- **2007 – 2012 :** Nicolas Sarkozy
- **Depuis 2012,** François Hollande est président de la République.

■ LE PREMIER MINISTRE ET SON GOUVERNEMENT

Avec le président de la République, le Premier ministre et son gouvernement partagent le pouvoir exécutif.

On peut définir le pouvoir exécutif comme celui qui est chargé de mettre en œuvre la politique de l'État. À ce titre, le pouvoir exécutif doit :
- veiller à l'ordre public et au respect de la loi ;
- diriger les forces armées ;
- décider de la politique étrangère de la France ;
- représenter l'État ;
- diriger l'ensemble des services publics de l'État et l'administration d'État ;
- édicter les règlements.

La nomination du Premier ministre

Le Premier ministre sera choisi et nommé par le président de la République. Il est généralement choisi en considération du courant politique majoritaire à l'Assemblée nationale.

Le président de la République met fin aux fonctions du Premier ministre sur présentation par celui-ci de la démission du gouvernement.

Lorsque le président de la République et le Premier ministre appartiennent à deux courants politiques opposés, il y aura une cohabitation. Dans cette hypothèse, chacun des deux chefs du pouvoir exécutif agira dans son domaine de compétence respectif.

Les pouvoirs du Premier ministre

Le Premier ministre est le chef du gouvernement. Il est également le chef de l'administration et le président de droit du Conseil d'État.

Le rôle du Premier ministre est essentiellement défini dans les articles 20 (« *Le gouvernement détermine et conduit la politique de la Nation* ») et 21 (« *Le Premier ministre dirige l'action du gouvernement* ») de la Constitution de la Ve République. Le Premier ministre détient donc une mission d'impulsion et de direction de l'action gouvernementale.

Le Premier ministre peut saisir le Conseil constitutionnel sur une loi avant sa promulgation (le Conseil constitutionnel examinera la comptabilité entre la loi et les principes constitutionnels).

Le Premier ministre sera obligatoirement consulté si le président de la République souhaite utiliser les pouvoirs exceptionnels de l'article 16 de la Constitution.

Pour assurer l'exécution des lois et mener sa politique, le Premier ministre dispose de l'administration et de la force publique (l'armée, la police et la gendarmerie nationales).

De plus, le Premier ministre détient le pouvoir réglementaire, et nomme aux emplois civils et militaires, exception faite de ceux réservés au président de la République.

Le Premier ministre réside à l'hôtel Matignon.

Le gouvernement

Le gouvernement est composé du Premier ministre, des ministres et secrétaires d'État. Tous les membres du gouvernement sont nommés par le président de la République, sur proposition du Premier ministre. Les ministres et secrétaires d'État demeurent sous l'autorité du Premier ministre.

Les lois peuvent provenir des parlementaires (proposition de loi) ou du gouvernement (projet de loi). Les projets de loi sont délibérés en conseil des ministres.

Il est responsable politiquement devant l'Assemblée nationale. Cette responsabilité politique peut être engagée de deux manières :
• à l'initiative du gouvernement, et après discussion en conseil des ministres, lorsque le Premier ministre choisit d'engager la responsabilité politique de son gouvernement ;
• à l'initiative d'au moins 10 % des députés, qui décident de la mise au vote d'une motion de censure.

Si le Parlement vote majoritairement une motion de censure, il est logique que le gouvernement démissionne en raison du désaccord sur la politique qu'il entreprend.

Pour coordonner son action, le gouvernement se réunit en conseil des ministres. Se tenant généralement le mercredi matin à l'Élysée, le conseil des ministres est présidé par le président de la République.

Sur le plan pénal, les membres du gouvernement sont responsables des crimes et délits accomplis dans l'exercice de leur fonction. La juridiction compétente sera la Cour de justice de la République.

Liste des Premiers ministres de la Ve République

- **1958 – 1962 :** Michel Debré
- **1962 – 1968 :** Georges Pompidou
- **1968 – 1969 :** Maurice Couve de Murville
- **1969 – 1972 :** Jacques Chaban-Delmas
- **1972 – 1974 :** Pierre Messmer
- **1974 – 1976 :** Jacques Chirac
- **1976 – 1981 :** Raymond Barre
- **1981 – 1984 :** Pierre Mauroy
- **1984 – 1986 :** Laurent Fabius
- **1986 – 1988 :** Jacques Chirac (cohabitation avec François Mitterrand)
- **1988 – 1991 :** Michel Rocard
- **1991 – 1992 :** Édith Cresson
- **1992 – 1993 :** Pierre Bérégovoy
- **1993 – 1995 :** Édouard Balladur (cohabitation avec François Mitterrand)
- **1995 – 1997 :** Alain Juppé
- **1997 – 2002 :** Lionel Jospin (cohabitation avec Jacques Chirac)
- **2002 – 2005 :** Jean-Pierre Raffarin
- **2005 – 2007 :** Dominique de Villepin
- **2007 – 2012 :** François Fillon
- **2012 – 2014 :** Jean-Marc Ayrault
- **2014 – 2016 :** Manuel Valls
- **Depuis décembre 2016,** Bernard Cazeneuve est Premier ministre

■ LE PARLEMENT

En France, le Parlement est composé de deux chambres : l'Assemblée nationale et le Sénat. On qualifie ce système parlementaire de bicaméralisme.

Le pouvoir législatif est principalement détenu par le Parlement (le Parlement dispose du pouvoir de « faire la loi ») : l'article 34 de la Constitution prévoit que « *la loi est votée par le Parlement* ».

Le Parlement a également un rôle de contrôle de l'action du gouvernement.

Les parlementaires (députés et sénateurs)

L'Assemblée nationale est considérée comme la représentation nationale : les députés représentent directement le peuple. Les députés sont choisis par les électeurs d'une circonscription (chaque département compte plusieurs circonscriptions). Les 577 députés disposent d'un mandat renouvelable d'une durée de cinq ans. Depuis 2002, le passage du septennat au quinquennat entraîne l'organisation des élections législatives puis présidentielles à quelques mois d'intervalles l'une de l'autre, rendant ainsi difficile l'hypothèse d'une nouvelle cohabitation. L'Assemblée nationale choisit en son sein son président. En fin de mandat, toutes les circonscriptions sont renouvelées. L'Assemblée nationale siège au palais Bourbon. Le président de la République dispose du droit de dissoudre l'Assemblée nationale, ce qui provoquera de nouvelles élections législatives.

Les sénateurs sont élus au suffrage indirect dans chaque département. Le collège électoral les élisant est composé d'autres élus (ces « grands électeurs » sont les élus nationaux, régionaux, départementaux et des délégués des conseils municipaux). Depuis 2004, la durée du mandat des sénateurs a changé : ils sont élus pour six ans. Le Sénat se renouvelle par moitié tous les trois ans et se compose de 348 sénateurs. Le Sénat choisit en son sein son président (qui assurera l'intérim du président de la République en cas de vacance du pouvoir). Le Sénat siège au palais du Luxembourg.

Au sein de chaque assemblée, les parlementaires se réunissent dans des groupes en fonction de leur courant politique. L'examen des projets ou propositions de lois se fait au sein de commissions spécialisées (commissions des finances, de la défense...).

Sur le plan judiciaire, pendant toute la durée de leur mandat, députés et sénateurs bénéficient de l'inviolabilité parlementaire : ils ne peuvent faire l'objet d'une arrestation sans l'autorisation du bureau de l'assemblée dont ils font partie, sauf en cas de flagrant délit ou de condamnation définitive par un tribunal ; si l'Assemblée le demande, les poursuites peuvent être interrompues pour la durée de la session.

Enfin, mais de manière tout à fait exceptionnelle, les parlementaires peuvent exercer une fonction juridictionnelle éventuelle. En effet, l'Assemblée nationale et le Sénat élisent en leur sein les membres de la Cour de justice de la République (jugeant les crimes et délits commis par les membres du gouvernement dans l'exercice de leurs fonctions) et de la Haute Cour de justice (jugeant le président de la République en cas de haute trahison au cours de son mandat).

Le rôle du Parlement

La Constitution de la Ve République prévoit que l'initiative des lois appartient à la fois au Premier ministre et aux parlementaires. Le Premier ministre rédigera un projet de loi, et les parlementaires une proposition de loi.

Chaque chambre débat en son sein et vote la loi. En cas de désaccord entre les deux chambres sur le vote d'une loi, le gouvernement peut demander à l'Assemblée nationale de statuer définitivement sur le texte présenté. Représentant directement le peuple souverain, l'Assemblée nationale a ici le dernier mot.

En ce qui concerne la révision de la Constitution, le texte en question doit être voté par les deux chambres, puis soumis au référendum. Le président de la République peut aussi choisir de réunir l'Assemblée nationale et le Sénat – ce qui évite le référendum –, mais le texte devra être approuvé par les trois cinquièmes des parlementaires. La réunion de l'Assemblée nationale et du Sénat s'appelle le Congrès. Cette réunion se tiendra au château de Versailles.

Les relations entre le gouvernement et le Parlement

Le Parlement bénéficie de plusieurs moyens pour influer sur l'action du gouvernement :
• les parlementaires peuvent poser des questions écrites ou orales aux membres du gouvernement ;
• le budget de l'État est débattu et voté au Parlement chaque année ;
• le Premier ministre peut décider d'engager la responsabilité politique de son gouvernement devant l'Assemblée nationale (c'est la procédure du vote de confiance) ;
• l'Assemblée nationale peut décider du vote d'une motion de censure, qui doit être signée au préalable par au moins 10 % des députés souhaitant montrer leur désaccord avec la politique mise en œuvre par le gouvernement.

Le vote majoritaire d'une motion de censure ou le rejet du vote de confiance au gouvernement par l'Assemblée nationale peut conduire à la démission du Premier ministre et de son gouvernement.

Par ailleurs, le Parlement peut également contrôler l'action du gouvernement en mettant en place une commission d'enquête parlementaire.

■ L'ADMINISTRATION D'ÉTAT DANS LE DÉPARTEMENT ET LA RÉGION

L'État est présent dans le département et la région de plusieurs manières. En premier lieu, les administrations de l'État sont déclinées dans les départements et régions. En second lieu, le préfet est le représentant direct de l'État dans les régions et départements.

Toutefois, avant d'examiner ces différents points, il convient de bien comprendre le concept de décentralisation. En effet, c'est notamment la décentralisation qui définit la répartition des compétences entre l'État et les collectivités territoriales.

Sur le plan de l'organisation générale des territoires, le Commissariat général à l'égalité des territoires (CGET) est l'autorité de pilotage. Il remplace la Délégation à l'aménagement des territoires (Datar), le Secrétariat général du Comité interministériel des villes (SG-CIV) et l'Agence nationale pour la cohésion et l'égalité des chances (Acsé).

La décentralisation

On peut définir la décentralisation comme le transfert des pouvoirs de l'État à des personnes morales (tandis qu'un État centralisé est un État où toutes les décisions sont prises au niveau central). Ces personnes morales peuvent être de deux natures :
• des collectivités territoriales (commune, département, région). C'est la décentralisation territoriale ;
• ou bien des établissements publics qui, contrairement aux collectivités territoriales, n'auront qu'une compétence spécifique. On parle alors de décentralisation fonctionnelle.

La décentralisation territoriale a pour but de donner aux collectivités territoriales des compétences spécifiques et distinctes de celles de l'État. Ces collectivités territoriales seront administrées par des représentants élus (conseil municipal pour la commune, conseil départemental pour le département, conseil régional pour la région). Ce processus de décentralisation a pour vocation de rapprocher le plus possible les politiques publiques des besoins de la population (exemple : la commune a la charge de l'entretien et de la construction des écoles primaires).

La décentralisation fonctionnelle est le phénomène de création par l'État ou les collectivités territoriales d'un établissement public chargé de la gestion d'une activité spécifique (exemples : le musée du Louvre ou l'Office national de l'eau sont des établissements publics).

Naturellement, dans le cas de la décentralisation territoriale comme dans celui de la décentralisation fonctionnelle, l'État accompagne le transfert de compétences de l'octroi de moyens financiers permettant à la collectivité territoriale ou à l'établissement public de remplir sa mission.

En France, dans les années 1980, la décentralisation a été considérablement développée, notamment par les lois Deferre. Désormais, la décentralisation est un principe à valeur constitutionnelle.

Les administrations d'État dans les régions et départements

L'État français est largement un État décentralisé. Pour autant, les administrations d'État sont largement présentes dans toutes les régions et tous les départements. Concrètement, cette présence se manifeste essentiellement par les déclinaisons départementales et régionales des différents ministères (exemples : direction départementale de l'équipement, direction régionale de l'agriculture, direction départementale des affaires sanitaires et sociales...).

Le rôle de ces directions régionales et départementales est de relayer et d'adapter au niveau local les politiques décidées à l'échelon ministériel.

Le rôle du préfet

Le préfet est le représentant de l'État dans le département et la région. Ce haut fonctionnaire est rattaché au ministère de l'Intérieur. Il est nommé par le président de la République sur proposition du Premier ministre. Sa mission principale est de coordonner l'action de l'État au niveau local dans tous les domaines (emploi, environnement, santé, sécurité...). Pour remplir cette mission, il a autorité sur toutes les administrations d'État de la région ou du département.

Par ailleurs, il appartient au préfet :
• de contrôler la légalité des actes des collectivités territoriales ;
• d'organiser les élections au niveau local ;
• de mettre en œuvre les plans d'urgence ou de secours (plan Orsec, plan grand froid...) ;
• de gérer et de répartir au niveau local les dotations de l'État.

Bien que n'étant pas officier de police judiciaire, le préfet joue un grand rôle en matière de sécurité. En effet, il peut prendre des arrêtés préfectoraux en matière de sécurité publique. Les policiers municipaux et gardes champêtres seront alors chargés de veiller au respect de ces arrêtés préfectoraux.

Il existe :
• le préfet de région qui représente l'État dans la région et est également le préfet du département du chef-lieu de région ;
• le préfet du département qui est le représentant de l'État dans le département ;
• le sous-préfet qui est présent dans chacun des arrondissements d'un département et est soumis à l'autcrité du préfet de département. Il convient de noter que la réforme de la carte des sous-préfectures est un débat actuel, même si les modalités exactes n'ont pas encore été définies.

■ NOTIONS DE BASE SUR LES INSTITUTIONS JUDICIAIRES

Il existe en France trois types différents de juridictions :
• les juridictions civiles ;
• les juridictions pénales ;
• les juridictions administratives.

Les juridictions civiles

Les juridictions civiles sont compétentes pour statuer sur les litiges opposant deux particuliers, qu'il s'agisse de personnes morales ou de personnes physiques. Il existe des juridictions civiles de droit commun et des juridictions civiles d'exception.

■ Les juridictions civiles de droit commun

Les juridictions civiles de droit commun connaissent une triple hiérarchie : le tribunal de grande instance, la cour d'appel puis la Cour de cassation.

Le tribunal de grande instance est compétent dans certains domaines (l'état des personnes et la propriété immobilière) ou pour tous les litiges civils dont le montant dépasse les 10 000 euros. Juridiction de droit commun, le tribunal de grande instance est également saisi de tous les litiges qui ne seraient pas directement attribués à une juridiction. Il existe au moins un tribunal de grande instance par département.

La cour d'appel sera la juridiction d'appel des jugements rendus par le tribunal de grande instance. La cour d'appel sera saisie des jugements de plusieurs tribunaux de grande instance.

La Cour de cassation occupe le sommet de l'ordre judiciaire. Son rôle est de s'assurer du respect de la loi et de contrôler son application par les juges de la cour d'appel. Il faut noter que la Cour de cassation ne statue pas sur les faits, mais uniquement sur l'application de la loi par les autres juridictions. Comme pour la cour d'appel, les décisions de la Cour de cassation sont des arrêts.

■ Les juridictions civiles d'exception

Le tribunal d'instance est compétent pour juger des litiges dont le montant est compris entre 4 000 et 10 000 euros (en dessous de 4 000 euros, ce seront les juges de proximité qui seront compétents) et des litiges relatifs portant sur les baux d'immeubles (à l'exception des baux commerciaux). Dans chaque chef-lieu d'arrondissement, on trouve un tribunal d'instance.

Les juges des tribunaux de commerce sont des commerçants élus par leurs pairs. Pour l'essentiel, ils jugent les litiges liés aux activités commerciales (actes de commerce, baux commerciaux, liquidation judiciaire des entreprises en difficulté...).

Le conseil des prud'hommes est une juridiction professionnelle composée de magistrats professionnels et de juges élus (représentant en nombre égal les salariés et les employeurs). Ceux-ci se prononceront sur les litiges relatifs à l'exception d'un contrat de travail (licenciements...).

D'autres juridictions civiles d'exception connaîtront des litiges spécifiques : le juge de l'expropriation, le tribunal des affaires de la Sécurité sociale ou le tribunal paritaire des baux ruraux.

Les juridictions pénales

Les juridictions pénales traitent et répriment les infractions.

Au sein des juridictions pénales, la société sera représentée par le ministère public (appelé également parquet). Le ministère public est chargé de mettre en œuvre les poursuites et, devant le tribunal, de demander au nom de la société l'application de la loi.

Il existe à la fois des juridictions pénales de droit commun et des juridictions pénales d'exception.

■ Les juridictions pénales de droit commun

La hiérarchie des juridictions pénales de droit commun est la suivante : le tribunal de police (qui statuera sur les contraventions), le tribunal correctionnel (compétent en matière de délits) et la cour d'assises (qui jugera des crimes).

Le tribunal de police traitera des contraventions, qui ne sont pas uniquement liées au code de la route. Dans chaque chef-lieu d'arrondissement, on trouve un tribunal de police. Le ministère public est représenté par le commissaire de police.

Le tribunal correctionnel est la formation pénale du tribunal de grande instance. Il est compétent en matière de délits. Il existe différentes fonctions pour les magistrats du tribunal correctionnel : les juges du tribunal correctionnel (également appelés magistrats du siège), le juge d'instruction (chargé de diligenter auprès des officiers de police judiciaire de la police ou de la gendarmerie nationales des enquêtes judiciaires), le juge de l'application des peines (chargé de suivre les condamnés à l'intérieur et à l'extérieur des prisons), le juge des libertés et de la détention (compétent en ce qui concerne la détention au cours de l'instruction) et les magistrats du ministère public (le procureur de la République et ses substituts).

Le rôle du procureur de la République est à la fois de diriger la police judiciaire (il reçoit les plaintes des particuliers, il exerce une autorité judiciaire sur les officiers de police judiciaire de la police nationale et de la gendarmerie nationale) et de représenter la société devant le tribunal correctionnel. Dans le cadre de cette dernière mission, il peut décider de mettre en œuvre des poursuites pénales ou bien de les classer sans suite, ou encore de les orienter vers une médiation. À l'occasion des audiences du tribunal correctionnel, il prononcera un réquisitoire (qui propose aux juges une peine en fonction de l'affaire jugée).

La cour d'assises, elle, est compétente en matière de crimes. Cette juridiction départementale se réunit par intermittence, en fonction des affaires à juger. La cour d'assises est composée à la fois de magistrats professionnels (le président de la cour d'assises et deux juges) et de six jurés (qui sont des citoyens tirés au sort sur les listes électorales). Depuis 2001, le jugement de la cour d'assises peut faire l'objet d'un appel devant une autre cour d'assises (qui sera alors composée de neuf jurés).

Les décisions du tribunal de police et du tribunal correctionnel sont susceptibles d'appel devant la chambre des appels correctionnels. En dernier ressort, il existe la chambre criminelle de la Cour de cassation.

■ Les juridictions pénales d'exception

Les principales juridictions pénales d'exception sont compétentes pour juger les mineurs :
• le juge des enfants est juge des mineurs délinquants et peut prononcer des mesures d'assistance éducative ;
• juridiction du tribunal de grande instance, le tribunal pour enfants juge les mineurs de moins de 16 ans qui ont commis des faits qualifiés pénalement de contraventions de cinquième classe, de délit ou de crime ;
• la chambre spéciale de la cour d'appel statuera sur les appels formés contre les jugements du tribunal pour enfants ;
• la cour d'assises des mineurs jugera des mineurs entre 16 et 18 ans ayant commis des faits qualifiés de crimes.

Les juridictions administratives

Les juridictions administratives ont pour vocation de juger et de contrôler l'action de l'administration, ainsi que de statuer sur les litiges opposant les personnes privées à l'administration.

■ La compétence des juridictions administratives

Les juridictions administratives seront compétentes pour juger les actes de l'administration lorsque celle-ci met en œuvre des prérogatives de puissance publique (qui sont les pouvoirs spécifiques dont dispose l'administration afin d'assurer ses missions, comme celui de lever des impôts ou d'exproprier pour des raisons d'utilité publique). Devant les juridictions administratives, la procédure est essentiellement écrite.

Cependant, en matière de compétence, dans la pratique, il est parfois difficile de savoir si un litige doit être jugé par une juridiction administrative ou bien par une juridiction judiciaire. Pour trancher un conflit de compétence, c'est le tribunal des conflits qui déterminera la juridiction compétente.

■ Les différentes juridictions administratives

À la base de l'ordre administratif, on trouve les tribunaux administratifs, puis les cours administratives d'appel et, au sommet de l'ordre administratif, le Conseil d'État est juge de cassation et, dans certains cas, d'appel.

Les tribunaux administratifs sont juges de droit commun du contentieux administratif. Il faut préciser que ce type de contentieux a fortement augmenté au cours des dernières années.

Les cours administratives d'appel seront compétentes pour statuer sur les appels formés contre les décisions rendues en première instance par les tribunaux administratifs.

Le Conseil d'État est à la fois une autorité administrative consultative et une juridiction administrative. Le Conseil d'État est la juridiction administrative de dernière instance. D'autre part, de manière consultative, le Conseil d'État participe à l'élaboration de textes administratifs et réglementaires.

■ LES INSTITUTIONS EUROPÉENNES

Les grandes dates de la construction européenne

- **1957 :** création, par le traité de Rome, de la Communauté économique européenne. Celle-ci met en place un marché commun entre la France, l'Allemagne de l'Ouest, la Belgique, le Luxembourg, les Pays-Bas et l'Italie.
- **1973 :** le Royaume-Uni, l'Irlande et le Danemark intègrent la CEE.
- **1981 :** entrée de la Grèce dans la CEE.
- **1986 :** intégration dans la CEE de l'Espagne et du Portugal.
- **1990 :** la convention de Schengen instaure une suppression progressive des contrôles frontaliers au sein de l'espace européen (principe de libre circulation des personnes).
- **1992 :** ratification du traité de Maastricht (à une très courte majorité lors du référendum français). La monnaie unique, la mise en place d'une politique étrangère et de sécurité commune (PESC), ainsi que la coopération en matière de justice et d'affaires intérieures sont les principaux points de ce traité.
- **1995 :** l'Autriche, la Suède et la Finlande rejoignent l'Union européenne (ex-CEE).
- **1997 :** le traité d'Amsterdam met en place de manière effective l'espace Schengen.
- **2004 :** la Slovaquie, Chypre, l'Estonie, la Hongrie, la Lettonie, la Lituanie, Malte, la Pologne, la République tchèque et la Slovénie intègrent l'Union européenne.
- **2007 :** le traité de Lisbonne développe la coopération policière et judiciaire, ainsi que la politique en matière d'immigration.
- **2007 :** la Roumanie et la Bulgarie rejoignent l'Union européenne.
- **2013 :** la Croatie rejoint l'Union européenne, qui compte désormais 28 États membres.
- **2016 :** par référendum, le Royaume-Uni décide d'une sortie programmée de l'Union européenne (« Brexit »).

La Commission européenne

Chaque État membre est représenté par au moins un commissaire européen. Les États importants, comme la France ou l'Allemagne, en ont deux. Leur mandant dure cinq ans renouvelables. Ils sont chacun chargés d'un domaine particulier (sécurité, transport, agriculture, santé...).

Les commissaires européens forment la Commission européenne. Celle-ci est un organe permanent qui a pour rôle de mettre en œuvre les actions relevant de l'intérêt général de l'Union européenne, notamment à la suite des politiques mises en place par les différents traités.

Les décisions de la Commission sont prises à la majorité des membres et de manière collégiale.

Le président de la Commission européenne est désigné par le Conseil européen et cette nomination doit être validée par le Parlement européen lors d'un vote. Son mandat dure cinq ans.

Les États membres ne peuvent influer sur la Commission européenne. Celle-ci peut cependant subir une motion de censure du Parlement européen, qui peut conduire le cas échéant à sa démission et à son remplacement.

Le Parlement européen

Le rôle du Parlement européen est de représenter les populations des différents États membres. Le Parlement européen siège à la fois à Strasbourg (le plus souvent) et à Bruxelles. Le nombre de députés varie en fonction de l'importance de la population des États membres (exemple : il y a 74 sièges de députés français au Parlement européen). Le mandat des députés européens dure cinq ans et, dans le cas de la France, les députés au Parlement européen disposent des mêmes immunités que les députés à l'Assemblée nationale.

Le président du Parlement européen est élu au sein de cette institution pour un mandat de deux ans et demi.

Les principaux domaines de compétence du Parlement européen sont :
• la ratification des accords d'adhésion des nouveaux États membres au sein de l'Union européenne, des accords d'association ayant des répercussions financières ou des accords commerciaux de l'Union européenne avec des pays tiers (exemples : accords du Gatt ou de l'Organisation mondiale du commerce) ;

• le vote du budget de l'Union européenne et la modification éventuelle des dépenses communautaires ;
• le vote des règlements communautaires, notamment en matière de nationalité, d'immigration, de droit d'asile, de politique étrangère et de sécurité ;
• le contrôle de l'action de la Commission européenne, qui est responsable politiquement devant le Parlement européen.

Le Conseil européen

Le Conseil européen est la réunion des chefs d'État ou chefs de gouvernement des 28 États membres de l'Union européenne et d'un président.

Chaque année, il y a au moins quatre Conseils, à la fin de chaque présidence tournante du Conseil des ministres de l'Union européenne.

Le rôle du Conseil européen est de décider des axes majeurs de la politique de l'Union européenne. La politique étrangère de l'Union européenne est ainsi définie lors de ces réunions.

Le Conseil de l'Union européenne

Selon les différents traités européens, le Conseil de l'Union européenne doit donner « *les impulsions nécessaires à son développement et en définir les orientations politiques générales* ». Le Conseil de l'Union européenne est parfois appelé Conseil des ministres.

Le Conseil de l'Union européenne est l'organe institutionnel exécutif. Il décide notamment des actes législatifs et budgétaires au sein de l'Union européenne. Il partage une partie de ses prérogatives avec le Parlement européen (au titre de la codécision). En fonction de l'ordre du jour, les ministres des États membres de l'Union européenne siégeront (exemple : ministres des Finances en matière de budget, ministres de l'Intérieur en matière de sécurité...). Le rôle du Conseil de l'Union européenne est également de préparer le projet de budget communautaire et de fixer les orientations générales de la politique de change en matière monétaire.

La Cour de justice de l'Union européenne

Ancienne CJCE, la CJUE siège à Luxembourg. Son rôle est de veiller à l'application du droit communautaire et à l'uniformité de son interprétation. À ce titre, la CJUE assure le contrôle de légalité des actes des institutions de l'Union européenne et statue sur le respect par les États membres des obligations découlant des traités communautaires. Enfin, à la demande des juges nationaux, la CJUE assure l'interprétation du droit communautaire.

La Banque centrale européenne

La Banque centrale européenne (BCE) a pour rôle d'émettre l'euro comme monnaie unique et de définir les grandes orientations de la politique monétaire de la zone euro. La BCE siège à Francfort.

La Cour des comptes européenne

Siégeant à Luxembourg, la Cour des comptes européenne contrôle la gestion financière au sein de l'Union européenne et des institutions. Il s'agit d'un organe de contrôle indépendant. La Cour des comptes européenne est conduite à examiner la légalité et la régularité des recettes et des dépenses de l'Union européenne. Elle s'assure également de la bonne gestion financière des fonds communautaires.

4| RAPPELS SUR LES COLLECTIVITÉS TERRITORIALES

L'organisation territoriale de la République est l'un des principaux chantiers actuellement engagés. Il est important d'en suivre régulièrement les derniers développements afin de pouvoir actualiser et compléter les simples rappels figurant dans ce manuel.

De manière schématique, les traits fondamentaux des réformes actuelles des collectivités territoriales sont les suivants :
- le renforcement des compétences et de la taille des intercommunalités ;
- l'effacement des départements, pouvant aller jusqu'à envisager leur suppression ;
- le renforcement des compétences et de la taille des régions ;
- plus généralement, la recherche d'une plus grande légitimité politique, transparence de gestion et responsabilité financière des collectivités territoriales.

■ LA COMMUNE ET LES ATTRIBUTIONS DU MAIRE

Présentation de la commune

La France compte actuellement près de 36 000 communes, ce qui représente le nombre de communes par pays le plus élevé d'Europe. Dans notre pays, les communes ont été créées lors de la Révolution de 1789 et sont les héritières des paroisses d'Ancien régime. Depuis ces dernières années, on assiste à l'apparition ponctuelle de « communes nouvelles » qui sont un moyen pour les petites communes de retrouver des capacités d'investissement et de peser davantage auprès des intercommunalités. La commune nouvelle est destinée à unifier, si elles le décident, des communes contiguës ou bien toutes les communes membres d'un établissement public de coopération intercommunale (EPCI).

La commune est le territoire administré par une municipalité, seule dépositaire de l'état civil et du cadastre. Elle est donc l'échelon de base des divisions administratives du territoire.

Les trois plus grandes villes françaises (Paris, Lyon et Marseille) ont été découpées en arrondissements municipaux, mais l'essentiel des pouvoirs a été laissé aux trois municipalités centrales sous l'autorité du maire de la ville.

Les organes de la commune sont le conseil municipal, le maire et, le cas échéant, un ou plusieurs adjoints.

Une commune est une collectivité territoriale, une personne morale de droit public, et dispose d'un budget propre. Son budget est constitué essentiellement des transferts de l'État (notamment la dotation globale de fonctionnement, la DGF) et des impôts directs locaux : taxes foncières (portant sur les propriétés bâties et non bâties), d'habitation et professionnelles (acquittées par les artisans, les commerçants et les entreprises).

La commune est propriétaire d'un domaine public (écoles publiques, routes communales, parcs et jardins...) et d'un éventuel domaine privé. Le domaine public est protégé par des règles d'inaliénabilité et son régime juridique prévoit des sanctions destinées à le protéger.

La compétence de la commune

À l'exception de Paris, Lyon et Marseille, toutes les communes ont la même structure administrative et les mêmes domaines de compétence, quelle que soit l'importance de la commune.

Pour l'essentiel, les compétences des communes sont régies par les parties législative et réglementaire du code général des collectivités territoriales (CGCT).

Il appartient à la commune d'administrer son domaine municipal (jardins, terrains, voirie, travaux publics...). La commune peut également être amenée à gérer un certain nombre de services publics municipaux (piscines, bibliothèques, centres de loisirs, crèches...). Ces services publics municipaux seront assurés au quotidien par des employés municipaux, qui seront eux aussi gérés par la commune.

Les différentes lois de décentralisation ont défini les domaines de compétence de la commune :
• elle peut intervenir dans le domaine économique et social (aide aux personnes en difficulté par le biais du centre communal d'action sociale, maintien des commerces en milieu rural...) ;
• la commune doit établir également le plan local d'urbanisation (PLU) sur son territoire ;
• elle est enfin chargée de l'entretien et de la construction des écoles maternelles et primaires.

Les moyens financiers de la commune proviennent à la fois de la dotation de fonctionnement de l'État et des impôts locaux.

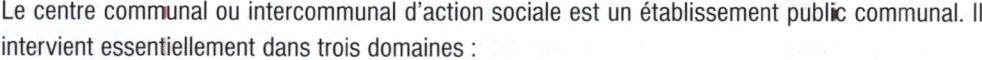

Le centre communal ou intercommunal d'action sociale est un établissement public communal. Il intervient essentiellement dans trois domaines :
- l'aide sociale légale (qui demeure sa seule attribution obligatoire) ;
- l'aide sociale facultative, pour laquelle le centre communal d'action sociale (CCAS) dispose d'une grande liberté d'intervention et pour laquelle il réalise la politique sociale décidée par les élus locaux ;
- la mise en œuvre des activités sociales.

Malgré cette spécialisation, le CCAS dispose d'une réelle autonomie de gestion.

■ LE CONSEIL MUNICIPAL

Le conseil municipal est l'assemblée délibérante élue de la commune. Le conseil municipal se compose du maire, des adjoints au maire et des conseillers municipaux. Le nombre de conseillers municipaux est fonction de la population de la commune, le minimum étant de neuf

À l'exception de Paris, Lyon et Marseille, qui sont scindés en plusieurs mairies d'arrondissement, l'organisation municipale est identique pour toutes les communes.

Le conseil municipal est élu par les électeurs de la commune au suffrage universel direct pour une durée de six ans. Deux modes de scrutin existent :
- pour les communes de moins de 1 000 habitants, le conseil municipal est élu au scrutin majoritaire de liste (scrutin de liste majoritaire plurinominal à deux tours, avec possibilité de créer une liste qui pourra subir un panachage) ;
- pour les communes de plus de 1 000 habitants, le conseil municipal est élu au scrutin proportionnel de liste (scrutin de liste proportionnel bloqué avec une prime majoritaire de 50 % à deux tours).

Le conseil municipal élit en son sein le maire, puis ses adjoints. Le maire et les adjoints au maire forment la municipalité. Le maire accorde à ses adjoints une délégation : sous la surveillance et la responsabilité du maire, les adjoints peuvent exercer une partie des fonctions dévolues au maire.

Dans le cas particulier de Paris, Lyon et Marseille (on parle de statut PLM), ces villes sont divisées en arrondissements municipaux. Chaque arrondissement dispose d'un maire d'arrondissement et d'un conseil d'arrondissement. Le maire de la commune est alors élu par les conseils d'arrondissement. À Paris, le maire n'est pas officier de police judiciaire. Par conséquent, la totalité des pouvoirs de police habituellement dévolus au maire est confiée au préfet de police.

Le conseil municipal est présidé par le maire. Il dispose collectivement du pouvoir délibérant sur le territoire de la commune. Le conseil municipal est tenu de se réunir au moins une fois par trimestre. Dans la pratique, il se réunit généralement une fois par mois. Le conseil municipal fixe son règlement intérieur dans le respect de la loi. C'est le maire qui va réunir le conseil municipal à chaque fois qu'il le juge nécessaire.

Le conseil municipal a une compétence générale d'attribution pour gérer les affaires intéressant la commune par ses délibérations. Il décide également de l'usage des biens de la commune. Le conseil municipal vote notamment le budget communal et les taux d'imposition locale, crée et supprime les emplois des agents communaux, autorise les acquisitions et les cessions des biens communaux, approuve les emprunts de la commune et accorde les subventions, fixe les tarifs des services communaux et du stationnement sur la voie publique... Le conseil adopte le plan local d'urbanisme, détermine l'implantation des écoles primaires et maternelles publiques...

Les décisions des conseils municipaux et des maires peuvent être contestées devant le tribunal administratif, notamment par le biais du recours pour excès de pouvoir.

L'élection du maire

Le maire est le président du conseil municipal. Il est élu à scrutin secret parmi les conseillers municipaux, au cours de la première réunion du conseil. Si aucun candidat n'a obtenu la majorité absolue après deux tours de scrutin, l'élection se déroule au troisième tour à la majorité relative. En cas d'égalité de suffrages, le plus âgé est déclaré élu. Comme les autres conseillers municipaux, le maire doit être âgé de 18 ans révolus lors de son élection à ce mandat. Il doit être de nationalité française. Les conseillers municipaux (à l'exception des maires et adjoints) peuvent quant à eux être citoyens d'un des pays membres de l'Union européenne.

Les pouvoirs du maire

Les attributions du maire sont principalement de quatre ordres :
• sous l'autorité du préfet, il représente l'État dans sa commune. Il lui appartient donc d'assurer le respect des lois et règlements dans la commune. Le maire est également chargé de l'organisation des élections, ainsi que de la publication des lois et règlements ;
• il est officier d'état civil (célébration de mariages, rédaction des actes d'état civil liés au mariage, au divorce, au décès, à la naissance...), sous le contrôle du procureur de la République ;
• le maire est officier de police judiciaire (sauf dans le cas du maire de Paris) et, à ce titre, il dispose de pouvoirs de police dans sa commune (voir *infra*) ;

- il assure l'exécutif de la commune : pour cela, il dispose de pouvoirs spécifiques, notamment en matière de police municipale (voir *infra*). Il préside le conseil municipal, décide de l'ordre du jour du conseil municipal et prépare ses travaux. À ce titre, le maire et les services municipaux préparent le budget de la commune. Il est l'ordonnateur des dépenses et des recettes de la commune. En outre, le maire peut prendre des arrêtés municipaux et est chargé de l'application des décisions prises par le conseil municipal. Le maire est également le responsable hiérarchique des agents municipaux.

En matière d'urbanisme, le maire délivre au nom de la commune les permis de construire et autres autorisations d'urbanisme dans les communes dotées d'un document d'urbanisme, comme un plan local d'urbanisme.

En tant qu'agent exécutif du conseil municipal, le maire est chargé de l'exécution des décisions du conseil municipal, et agit sous le contrôle de ce dernier. Ses missions consistent notamment à représenter la commune en justice, passer les marchés publics, signer des contrats, exécuter le budget communal, gérer le patrimoine communal...

Les pouvoirs de police du maire

Le maire est chargé, sous le contrôle administratif du préfet, de la police municipale, de la police rurale ainsi que de l'exécution des actes de l'État qui y sont relatifs. À ce titre, le maire dispose de larges pouvoirs en matière de police administrative générale afin d'assurer la sécurité, la tranquillité publique et la salubrité des habitants de sa commune.

Le maire détient aussi certains pouvoirs de police spéciale attachés à des domaines particuliers (police des funérailles et des lieux de sépulture, circulation et stationnement, édifices menaçant ruine, activités nautiques et de bain...). Le maire peut également agir en qualité d'officier de police judiciaire.

Dans le cas particulier des mineurs, la jurisprudence du Conseil d'État admet, sous réserve du respect de certaines conditions, que le maire puisse utiliser certains des pouvoirs de police que lui confère le code général des collectivités territoriales, pour limiter la circulation nocturne de mineurs de 13 ans non accompagnés par une personne majeure.

En tant qu'officier de police judiciaire, un maire (ou un adjoint) est tenu de signaler sans délai au procureur de la République les crimes et délits dont il a connaissance dans l'exercice de ses fonctions. Dans le respect des dispositions de l'article 11 du code de procédure pénale, le maire est informé sans délai, par les responsables locaux de la police ou de la gendarmerie nationales, des infractions causant un trouble grave à l'ordre public commises sur le territoire de la commune (articles L. 2 211-2 et 2 211-3 du CGCT). En pratique, ces missions sont surtout confiées aux maires des communes où il n'existe pas d'autres officiers de police judiciaire (absence d'officiers de police judiciaire de la police ou de la gendarmerie nationale).

Dans l'exercice de l'ensemble de ses pouvoirs de police, le maire reste soumis au contrôle du préfet, mais pas à celui du conseil municipal.

Enfin, il faut noter que le maire joue un grand rôle dans la prévention de la délinquance dans sa commune : il est amené à agir et à coordonner l'action de prévention de la délinquance au niveau local.

L'intercommunalité

L'émiettement communal est une spécificité française au sein de l'Europe. Avec 35 287 communes en métropole, cet éparpillement explique le succès des formules de regroupement de communes permettant de leur donner une structure collective afin de pouvoir satisfaire certains besoins. Ce phénomène a débuté avec les communautés urbaines et les différentes lois de décentralisation ont mis en place des transferts de compétence impliquant une association des communes afin de pouvoir répondre à leurs nouvelles missions. Les établissements publics de coopération à fiscalité propre sont devenus la forme la plus répondue d'intercommunalité, jusqu'à englober en leur sein la quasi-totalité des communes. Toutefois, l'opacité des règles de fonctionnement et de gestion budgétaire, ainsi que l'absence de transparence vis-à-vis des citoyens de l'action et du fonctionnement des différentes intercommunalités sont des problématiques requérant une évolution de l'intercommunalité.

Compte tenu de certaines contraintes budgétaires et pratiques, les communes peuvent choisir de transférer certaines de leurs compétences à des structures intercommunales. Ces structures peuvent mutualiser leurs moyens financiers, matériels et humains afin d'assurer au mieux leurs missions. Ce phénomène s'appelle l'intercommunalité.

Les EPCI sont la dénomination juridique de l'intercommunalité. Les EPCI peuvent prendre différentes formes :
• les syndicats intercommunaux (à vocation unique : SIVU, ou à vocation multiple : SIVOM) qui ont un fonctionnement souple et ne bénéficient pas d'une fiscalité propre ;
• ou bien les structures disposant d'une fiscalité propre : communauté urbaine, communauté d'agglomérations et communauté de communes.

Le champ spatial de l'intercommunalité tend à s'élargir et à s'inscrire dans un double couplage (commune – intercommunalité, département – région). De manière croissante, les communautés tendent à se rapprocher du mode de fonctionnement de collectivités de plein exercice : généralisation de leur mise en place, ressources fiscales propres et pouvoir fiscal important, large domaine de compétences, organes délibérants composés d'élus au suffrage universel.

Au 1er janvier 2014, la France comptait 2 145 établissements intercommunaux, métropoles, communautés urbaines, communautés d'agglomération et communautés de communes. Au total, l'intercommunalité concernait 62 millions d'habitants.

Les solutions positives apportées par l'intercommunalité

Le niveau intercommunal demeure ainsi le cadre privilégié de l'action publique, pour des raisons de cohérence, d'intérêt commun et d'efficience budgétaire. Dans une période de budgets fortement contraints, intercommunalité et mutualisation offrent des économies d'échelle et une rationalité de la dépense publique que personne ne saurait contester dans leurs principes. En effet, elles visent toutes deux à assurer des services (loisirs, éducation, transport, santé...) qu'une collectivité ne peut pas ou plus assumer seule.

Le succès des établissements publics de coopération intercommunale (EPCI) à fiscalité propre démontre l'utilité de ce type de structure. En effet, la quasi-totalité des communes françaises est couverte par le réseau de ces établissements publics. La mutualisation de certains équipements et services publics (écoles, centres de loisirs, stades, piscines...) et l'intérêt commun face à certains enjeux (par exemple des communes situées en secteur de montagne) peuvent être satisfaits au sein d'une structure intercommunale.

Dans une période de budgets fortement contraints, l'intercommunalité offre des économies d'échelle et une rationalité de la dépense publique que personne ne saurait contester dans leurs principes.

La coopération de gestion entre communes se concrétise par la mise en place de syndicats de communes, à vocation unique ou multiple. La coopération de projet repose sur un projet commun à plusieurs communes de développement économique et social. Ce type de coopération peut prendre la forme d'établissements publics de coopération intercommunale à fiscalité propre. La coopération de projet a connu un très important développement depuis plus d'une vingtaine d'années. Afin de renforcer la légitimité démocratique de ces structures, le législateur a imposé en 2010 de faire élire au suffrage universel les conseillers communautaires dans les communes de plus de 1 000 habitants.

Les limites rencontrées par l'intercommunalité

La complexité des structures et des règles est la principale difficulté rencontrée en matière d'intercommunalité. Cette complexité se retrouve à de multiples niveaux. En premier lieu, au fil du temps, il y a eu un indéniable phénomène de multiplication des formules de regroupement. La volonté de perfectionner et d'améliorer les structures a parfois conduit à un empilement de structures. La dualité assemblée délibérante – exécutif unipersonnel – est partout la même, mais les compétences des structures sont très variables. Il est ainsi possible de constater des contentieux liés à la question de la répartition des compétences entre la structure intercommunale et les communes membres.

Sur le plan financier et comptable, il est également délicat d'identifier et d'évaluer clairement les flux. En effet, entre communes et structures intercommunales, les flux financiers sont à double sens et il peut arriver qu'une commune soit membre de plusieurs structures intercommunales. Cette opacité financière pose, en outre, la question de la transparence démocratique vis-à-vis des citoyens. C'est également un des éléments expliquant la réticence de certains élus face aux formes les plus intégratrices d'intercommunalité et le choix fréquent pour des formules leur laissant la plus grande marge de manœuvre.

L'enchevêtrement de structures, ainsi que le manque de visibilité et d'efficacité en matière de compétences, implique que l'intercommunalité doive évoluer.

L'essor des métropoles

Les métropoles entendent répondre aux besoins de situations urbaines complexes, notamment dans les plus importantes zones urbaines. Il convient de souligner que 60 % de la population française vit dans une aire urbaine de plus de 100 000 habitants.

Ces métropoles ont été initiées par la loi du 27 janvier 2014 relative à la modernisation de l'action publique territoriale et à l'affirmation des métropoles. La métropole a ainsi été jugée comme un cadre pertinent de l'action publique. La métropole dispose d'une fiscalité propre. L'unicité territoriale urbaine implique l'élaboration commune d'un projet d'aménagement et de développement économique, écologique, éducatif, culturel et social. Sur le plan économique, la logique poursuivie est également d'accroître la compétitivité.

Les compétences de la métropole sont celles transférées par les communes (habitat, distribution de l'eau, aménagement de l'espace, gestion des déchets...) et celles transférées obligatoirement par les départements (routes, transports scolaires, zones d'activités, promotion du territoire et de ses activités économiques). À titre d'illustration, la métropole « Nice Côte d'Azur » regroupe quatre intercommunalités, pour un total de 550 000 habitants. Un projet similaire a vu le jour à Marseille et à Lyon.

En raison de problématiques tout à fait spécifiques, le Grand Paris constitue une forme particulière de métropole. Les 123 communes de la petite couronne et 7 de la grande couronne ont intégré le Grand Paris.
À l'avenir, de nouveaux transferts de compétences des départements vers les métropoles sont envisagés.

■ LE DÉPARTEMENT

La division de la France en départements remonte à 1789 (les départements remplacent alors les anciennes provinces). La France métropolitaine compte 96 départements.

Parmi les subdivisions administratives françaises, le département est l'échelon intermédiaire entre la région et l'arrondissement.

Le conseil départemental

Avant les élections de mars 2015, le conseil départemental était appelé conseil général. Lors de ces élections au scrutin majoritaire et binominal à deux tours, un binôme composé d'une femme et d'un homme a été élu dans chacun des 2 054 nouveaux cantons.

Le département est également une collectivité territoriale décentralisée. Cette collectivité locale est administrée par le conseil départemental.

Le conseil départemental est composé de conseillers départementaux. Ceux-ci sont élus pour six ans dans chacun des cantons du département.

Le conseil départemental élit en son sein le président du conseil départemental. Le président du conseil départemental est l'organe exécutif du département. C'est à lui qu'il appartient de préparer et d'exécuter les décisions du conseil départemental (assemblée délibérative). Pour la gestion des affaires courantes du département, le conseil départemental peut se réunir en formation restreinte : la commission permanente. Après l'élection du président, le conseil départemental fixe le nombre de membres de la commission permanente (dont fait de droit partie le président) et le nombre de vice-présidents (ce dernier nombre ne peut être supérieur à 30 % de l'effectif du conseil).

Par ailleurs, le président du conseil départemental est le chef des services départementaux rattachés au conseil départemental et administre le domaine départemental propre au conseil départemental.

La compétence du département

Les lois de décentralisation ont renforcé les attributions du conseil départemental. Le département a plusieurs domaines principaux de compétence :
• la gestion des routes départementales et des routes nationales d'intérêt local, ainsi que des voies navigables ;
• la construction et l'entretien des collèges ;
• les transports et « ramassages » scolaires ;
• l'aide sociale et la santé : le département prend en charge les aides sociales, sauf celles dépendant directement de l'État. Il s'agit de la protection de l'enfance (dont la protection maternelle et infantile, l'aide sociale à l'enfance et la prévention spécialisée), l'insertion des personnes en difficulté, le revenu solidarité active (RSA), l'aide aux personnes handicapées et âgées, ainsi que de la prévention sanitaire ;
• des services départementaux d'incendie et de secours (SDIS : les sapeurs-pompiers) ;
• la culture (gestion des archives départementales, patrimoine…) ;
• le développement local ;
• le tourisme.

La loi du 13 août 2004 a développé le processus de décentralisation. Les conseils départementaux se voient attribuer de nouvelles compétences en matière :
• de transport : gestion du réseau routier national transféré en grande partie (devenu réseau routier départemental ou national d'intérêt local), gestion des ports maritimes de pêche et de commerce ;
• d'action sociale : programmes de prévention et de santé, utilisation d'un schéma gérontologique, suivi de l'élimination des déchets ménagers ;
• de logement social : gestion du fond solidarité pour le logement (FSL) et du fonds d'aide à l'énergie ;
• d'éducation : le recrutement et gestion des personnels TOS (techniques, ouvriers et de services) et la restauration scolaire des collèges ;
• de culture : transferts de certains domaines patrimoniaux, archives départementales, musées, bibliothèques ; schémas départementaux des enseignements artistiques.

Comme la région, le département peut apporter son soutien aux communes, en particulier sous forme de coopération avec les communes et les établissements publics intercommunaux, ou bien le conseil départemental peut œuvrer en faveur du maintien des commerces et des services publics en milieu rural.

Afin de mener à bien les missions dont la compétence est transférée, l'État reverse aux départements les moyens financiers, humains et matériels nécessaires.

En raison des transferts de compétences des départements opérés au profit des métropoles et des nouvelles grandes régions, les conseils départementaux se recentreront sur ses compétences de solidarité : solidarité territoriale et sociale.

Le président du conseil départemental

Le président est l'organe exécutif du conseil départemental :
- ordonne les dépenses et impute les recettes ;
- est chargé de l'administration du conseil départemental ;
- gère le domaine du département et dispose à ce titre de pouvoirs de police ;
- este en justice au nom du département (avec l'accord du conseil départemental) ;
- peut recevoir certaines délégations du conseil départemental.

Les départements d'outre-mer (DOM)

Il existe cinq départements d'outre-mer (ceux-ci sont organisés comme les départements métropolitains) :
- la Guadeloupe ;
- la Martinique ;
- la Réunion ;
- la Guyane ;
- Mayotte.

À côté de ces cinq DOM, plusieurs collectivités territoriales d'outre-mer bénéficient d'un statut particulier (depuis la révision constitutionnelle du 28 mars 2003, les collectivités d'outre-mer ont remplacé les territoires d'outre-mer) :
- la Polynésie française est un « pays d'outre-mer » disposant d'une large autonomie ;
- les îles de Wallis et Futuna sont une collectivité d'outre-mer disposant d'une large autonomie (le droit français et le droit coutumier s'y appliquent tous les deux) ;

• dans les Antilles, Saint-Martin et Saint-Barthélemy sont des collectivités d'outre-mer administrées par des conseils territoriaux ;
• la Nouvelle-Calédonie jouit d'un statut particulier et dérogatoire lui accordant une très large autonomie.

■ LA RÉGION

Depuis 2014, la France est divisée en 18 régions, dont 13 en métropole (en comptant la collectivité territoriale de Corse). Cette réduction du nombre de régions vise à tenter de réduire les déficits publics.

En 2016, les noms des nouvelles régions ont été officiellement déterminés :
• Auvergne-Rhône-Alpes ;
• Bourgogne-Franche-Comté ;
• Grand-Est (anciennes régions Alsace, Champagne-Ardenne et Lorraine) ;
• Hauts-de-France (anciennes régions Nord-Pas-de-Calais et Picardie) ;
• Nouvelle Aquitaine (anciennes régions Aquitaine, Limousin et Poitou-Charentes) ;
• Occitanie (anciennes régions Languedoc-Roussillon et Midi-Pyrénées) ;
• Normandie (anciennes Haute et Basse Normandie).

La Bretagne, le Centre-Val de Loire (dénommé Centre avant janvier 2015), la Corse, l'Île-de-France, la Provence-Alpes-Côte d'Azur et les Pays de la Loire n'ont pas vu leurs périmètres modifiés et conservent leurs anciennes appellations.

Les lois de décentralisation de 1982 et de 1983 ont consacré la région comme une collectivité territoriale à part entière, disposant de compétences et d'un budget spécifiques.

La région est une collectivité territoriale, à savoir une personne morale de droit public distincte de l'État et bénéficiant à ce titre d'une autonomie juridique et patrimoniale. La région est dotée d'un organe délibérant (le conseil régional élu), d'un organe exécutif (le président, élu par l'assemblée) et d'un organe consultatif (le conseil économique, social et environnemental régional, dont les membres sont désignés).

À l'instar du conseil départemental, l'action du conseil régional s'exécute sous le contrôle *a posteriori* du préfet de région.

Le conseil régional

Comme le département, la région est à la fois une subdivision administrative et une collectivité territoriale. En tant que collectivités territoriales, les régions sont administrées par un conseil régional. La Corse, elle, est administrée à la fois par l'assemblée de Corse (organe délibératif) et par le conseil exécutif de Corse (organe exécutif). Il convient également de rappeler qu'il existe un préfet de région, qui représente l'État dans la région (il s'agit du préfet du département où se situe la préfecture de région).

Les conseillers régionaux sont élus pour un mandat de six ans. Ils sont élus par département au suffrage universel direct dans un scrutin de liste.

Le conseil régional élit en son sein le président du conseil régional. Le président du conseil régional est l'organe exécutif de la région, sous le contrôle *a posteriori* du préfet de région (ce contrôle existe également pour le président du conseil départemental). C'est au président du conseil régional qu'il appartient de préparer et d'exécuter les décisions du conseil régional (qui est l'assemblée délibérative). Pour la gestion des affaires courantes intéressant la région, le conseil régional peut se réunir en formation restreinte : la commission permanente.

À l'instar du conseil départemental, la commission permanente est une émanation du conseil régional. Elle est composée du président et des vice-présidents du conseil régional ainsi que d'un ou plusieurs autres membres. Le conseil régional peut décider de lui déléguer une partie de ses fonctions, à l'exception de celles concernant le vote du budget, l'approbation du compte administratif (budget exécuté). La commission permanente remplace de fait le conseil régional entre ses réunions plénières.

Le conseil régional se réunit en réunions plénières au moins une fois par trimestre à l'initiative du président ou à la demande de la commission permanente ou du tiers des membres sur un ordre du jour déterminé.

La mission du conseil régional est de délibérer des affaires intéressant la région notamment en votant le budget de la région qui permet la mise en œuvre pratique de la politique décidée par l'assemblée régionale.

La compétence de la région

Les différentes lois de décentralisation ont très fortement renforcé les attributions du conseil régional. Ainsi, la région dispose de plusieurs domaines principaux de compétence :
• l'éducation : la formation professionnelle et l'apprentissage, l'entretien et la construction des lycées, la recherche scientifique, le développement culturel de la région ;
• l'aménagement de son territoire : développement des grands axes routiers, des transports publics interrégionaux, développement économique local, aide au développement de certains aéroports et voies navigables, élaboration du contrat de projet État-région avec l'État et du schéma régional d'aménagement et de développement du territoire (SRADT), schémas interrégionaux de littoral et de massif ;
• l'environnement et la transition énergétique : politiques relatives à la biodiversité, à la qualité de l'air, au climat et à l'énergie. Le conseil régional est chargé d'élaborer le schéma régional climat air énergie (SRCAE), le schéma régional de cohérence écologique (SRCE) et le plan régional pour la qualité de l'air. Le conseil régional participe également à la gestion des parcs naturels régionaux et des réserves naturelles régionales.

La région peut également apporter son soutien aux communes, en particulier sous forme de coopération avec les communes et les établissements publics intercommunaux, ou bien œuvrer en faveur du maintien des commerces et des services publics en milieu rural. Pour mener à bien ses missions, la région dispose d'un budget, provenant à la fois d'une dotation de l'État et de sommes prélevées au titre des impôts locaux. La chambre régionale des comptes peut être amenée à contrôler l'usage de son budget par le conseil régional.

Par ailleurs, la région est valorisée par les institutions de l'Union européenne. En effet, les politiques européennes en matière économique et sociale sont mises en œuvre le plus souvent au niveau régional.

Enfin, depuis 2014, le processus de décentralisation en faveur des régions s'est renforcé :
• le soutien à l'innovation, à l'internationalisation des entreprises et à l'enseignement supérieur et à la recherche est de la compétence de la région depuis la loi du 27 janvier 2014, dite loi MAPTAM ;
• il en est de même de la gestion des fonds structurels européens (fonds FEDER, FEADER et FSE) ;
• ainsi que de l'organisation des transports ferroviaires régionaux (TER) et de l'intermodalité et de la complémentarité entre les modes de transport (depuis la loi dite MAPTAM).

Il convient de noter que certaines compétences, comme la préservation de l'environnement, le développement économique ou le soutien à l'innovation sont des compétences partagées entre l'État et la région. On considérera alors que la région est chef de file dans ce domaine, sans que cette notion de chef de file ait une définition juridique précise.

Les régions d'outre-mer

Les cinq départements d'outre-mer (DOM) sont également des régions monodépartementales : la Guadeloupe, la Martinique, la Guyane, la Réunion et Mayotte.

5| L'ÉPREUVE DE LANGUE ÉTRANGÈRE

■ PRÉSENTATION DE L'ÉPREUVE DE LANGUE ÉTRANGÈRE

L'épreuve orale de langue vivante dure 15 minutes comportant la traduction, sans dictionnaire, d'un texte, suivie d'une conversation, dans l'une des langues étrangères suivantes au choix du candidat au moment de l'inscription : allemand, anglais, espagnol, italien, grec, néerlandais, portugais, russe et arabe moderne. Au total, l'épreuve dure 15 minutes, avec une préparation de même durée. Elle est affectée d'un coefficient 1.

■ DÉROULEMENT DE L'ÉPREUVE

Cette épreuve est une épreuve de traduction en français d'un texte écrit dans la langue étrangère choisie par le candidat au moment de son inscription, c'est-à-dire une épreuve de version et non de thème. La conversation qui suit est également menée dans la langue étrangère choisie par le candidat.

L'épreuve commence par le tirage au sort d'un texte par le candidat, soit devant le jury qui l'interrogera, soit devant des agents du centre organisateur. Le jury ou les agents du centre organisateur prennent le soin de préciser au candidat, au moment du tirage au sort, le déroulement précis de l'épreuve. Le candidat dispose ensuite d'un temps de préparation de 15 minutes sans dictionnaire et sans autre document que le texte, au terme duquel il vient se présenter auprès du jury pour commencer l'épreuve. L'attention du candidat est attirée sur le fait qu'il n'est pas autorisé à annoter le texte qu'il devra restituer au jury au terme de l'épreuve. Il n'est pas prévu de second tirage au sort au cas où le premier texte ne conviendrait pas au candidat.

Compte tenu de la durée de l'épreuve, les textes comportent de l'ordre de 300 mots. Ils doivent présenter un intérêt pour un futur attaché territorial et ne pas comporter d'informations périmées. Il s'agit de textes portant sur les grands problèmes politiques, économiques, culturels ou sociaux du monde contemporain. Ces textes ne sont pas excessivement littéraires, en décalage avec la pratique contemporaine de la langue.

À noter qu'en début d'épreuve, lorsque le candidat revient devant le jury après sa préparation, peut prendre place un bref temps de présentation réciproque qui n'entre pas dans le décompte du temps. Au terme de ce bref temps de présentation, le jury déclenche le minuteur qui permet de vérifier le respect du temps réglementaire de l'épreuve. Le candidat est alors invité à lire tout ou partie du texte original, puis à livrer la traduction de tout ou partie du texte. Le jury laisse généralement le candidat traduire sans l'interrompre, sauf pour l'aider à poursuivre s'il est en difficulté ou pour mettre fin à une traduction si laborieuse qu'elle ne permettrait pas un temps de conversation suffisant. Les questions posées ensuite par le jury le sont en langue étrangère et portent, après, le cas échéant, quelques demandes de précisions sur la traduction opérée par le candidat, sur le thème abordé par le texte en l'élargissant à d'autres questions relatives aux grands problèmes politiques, économiques, culturels ou sociaux du monde contemporain.

■ BARÈME DE NOTATION

Selon la note de cadrage national, « *Les jurys adoptent généralement un barème précis allouant des points à chacun des temps de l'épreuve :*
* *lecture du texte (fluidité, prononciation, intonation) ;*
* *traduction du texte ;*
* *conversation dans la langue (compréhension, qualité de l'expression).*

Un découpage précis du temps et des points

Le jury peut adopter le découpage suivant :

	Durée	*Points*
I. Lecture de tout ou partie du texte	*Environ 2 min*	*8*
II. Traduction de tout ou partie du texte	*Environ 5 min*	
III. Conversation sur le thème abordé par le texte ; sur d'autres questions (en lien avec le thème du texte) relatives aux grands problèmes politiques, économiques, culturels ou sociaux du monde contemporain.	*Environ 8 min*	*12*

Le candidat est ainsi évalué à la fois :
* *sur sa capacité à lire distinctement un texte en langue étrangère ;*
* *sur sa capacité à le comprendre et à le restituer dans un français correct : la traduction d'un texte d'une langue dans une autre requiert une bonne connaissance non seulement du lexique dans les deux langues, mais aussi des tournures idiomatiques propres à chaque langue. Une bonne maîtrise de la grammaire des deux langues est également nécessaire pour bien traduire un texte. Enfin, une juste perception, au-delà des mots, de l'esprit même du texte, est indispensable à une bonne traduction ;*

• sur son aptitude à comprendre les questions posées et à y répondre correctement. Il est attendu du candidat qu'il sache exprimer son point de vue, qu'il ne fasse pas de fautes conduisant à des malentendus, qu'il fasse preuve d'une aisance suffisante dans la langue pour faciliter la discussion et qu'il soit capable de produire un discours clair et cohérent.

Enfin, si le jury évalue avant tout la maîtrise de la langue du candidat, la manière dont celui-ci se comporte pendant l'épreuve – notamment sa juste appréciation des obligations que lui impose sa qualité de candidat face à un jury souverain – joue un rôle non négligeable. »

■ SE PRÉPARER À L'ÉPREUVE DE LANGUE ÉTRANGÈRE

L'épreuve de langue étrangère se déroule sous la forme d'une traduction de texte suivie d'une discussion. Il vous faut donc travailler sur la forme orale de l'apprentissage de la langue étrangère :
• revoyez le vocabulaire de base et les traits généraux de la grammaire dans la langue choisie ;
• entraînez-vous à traduire oralement et sans préparation des textes de livres ou de journaux (vous trouverez facilement des exemples et des exercices sur Internet) ;
• discutez en langue étrangère aussi souvent que possible avec des personnes disposant d'une maîtrise de cette langue suffisamment bonne pour pouvoir corriger vos défauts de prononciation, de vocabulaire ou de grammaire ;
• écoutez les émissions de radio en langue étrangère (sur un poste de radio ou sur Internet) ;
• suivez sur le câble ou sur Internet les bulletins d'information télévisée dans la langue choisie ;
• pour approfondir votre vocabulaire, lisez un journal dans la langue choisie en vous aidant d'un dictionnaire et notez sur un carnet les mots que vous apprenez ;
• apprenez les traits fondamentaux du pays principal parlant la langue choisie (histoire, géographie, institutions...) ;
• regardez des films en VO et masquez les sous-titres si vous vous sentez suffisamment à l'aide en langue étrangère.

■ TEST D'ANGLAIS

Auto-évaluation d'anglais

Nous vous proposons l'exercice suivant afin de vous auto-évaluer en anglais. Si vous faites plus de 3 fautes, vous devez impérativement réviser au moyen d'un manuel simple de langue anglaise.

1. We ... a week in Spain two years ago.

a) spend

b) were spending

c) have spent

d) spent

2. ... you from ? I come from Italy.

a) Where are

b) What are

c) How are

d) Who are

3. They forgot ... wallets at home and missed their fly.

a) they're

b) their

c) theirs

d) there

4. What is the opposite of « dusty » ?

a) clean

b) heavy

c) dark

d) small

5. My father stopped me and asked me where ... .

a) I am going

b) am I going

c) was I going

d) I was going

6. You ... me, did you ?

a) didn't heard

b) heard

c) heart

d) were hearing

7. What a surprise to see Mary ! We ... ten years !

a) did not meet since

b) met not for

c) did not have met since

d) haven't met for

8. Where is Sandra ? In her bedroom, she ... since you left.

a) has been sleeping

b) slept

c) sleeps

d) is sleeping

9. I never have coffee after 6 ... it makes me angry.

a) therefore

b) since

c) although

d) despite

10. This guy ... the suspect's description.

a) matches

b) sits

c) catches

d) connects

Correction

1. We ... a week in Spain two years ago.
a) spend
b) were spending
c) have spent
d) spent

2. ... you from ? I come from Italy.
a) Where are
b) What are
c) How are
d) Who are

3. They forgot ... wallets at home and missed their fly.
a) they're
b) their
c) theirs
d) there

4. What is the opposite of « dusty » ?
a) clean
b) heavy
c) dark
d) small

5. My father stopped me and asked me where ... .
a) I am going
b) am I going
c) was I going
d) I was going

6. You ... me, did you ?
a) didn't heard
b) heard
c) heart
d) were hearing

7. What a surprise to see Mary ! We ... ten years !

a) did not meet since

b) met not for

c) did not have met since

d) haven't met for

8. Where is Sandra ? In her bedroom, she ... since you left.

a) has been sleeping

b) slept

c) sleeps

d) is sleeping

9. I never have coffee after 6 ... it makes me angry.

a) therefore

b) since

c) although

d) despite

10. This guy ... the suspect's description.

a) matches

b) sits

c) catches

d) connects

Exercice d'anglais

I. Structure of the language and vocabulary

1. How long ago ... his first film ?
a) has he made
b) did he make
c) has he been making
d) would he make

2. Never before ... this !
a) have I seen
b) did I see
c) I saw
d) I have seen

3. She ... two good films this week.
a) see
b) has seen
c) sees
d) has been seeing

4. He ... in London for 2 years when the war broke out.
a) was living
b) lived
c) has been living
d) had been living

5. Elvis ... for years, but lots of people are still buying his records.
a) has died
b) is dead
c) dead
d) has been dead

6. If I ... enough time I'll come and see you next week.
a) had
b) have
c) will have
d) would have

7. He denied ... the question.

a) to have asked

b) asking

c) he has asked

d) to ask

8. Would you mind ... louder ?

a) speaking

b) to speak

c) and speak

d) speak

9. I must be careful ... her.

a) to not disturb

b) in not disturbing

c) not to disturb

d) of not disturbing

10. Charles succeeded ... the game.

a) to win

b) win

c) winning

d) in winning

11. I am used ... coffee at breakfast.

a) drink

b) to drink

c) to drinking

d) drinking

12. He used ... a lot when he was working.

a) smoke

b) to smoking

c) to smoke

d) smoking

13. It's no use ... it's all over now.
a) crying
b) to cry
c) cry
d) to crying

14. There is no point ... now, we have time.
a) to leave
b) leaving
c) of leaving
d) in leaving

15. His wife could not bear ... anymore and left him.
a) his drink
b) his drinking
c) that he drinks
d) him to drink

16. They all suggested ... early.
a) to start
b) starting
c) being started
d) having to start

17. ... in public was the difficult part.
a) Speak
b) The speaking
c) Speech
d) Speaking

18. I'd rather stay than ... .
a) go
b) to go
c) going
d) I go

19. She insists that he ... a tie for the wedding.

a) wears

b) wear

c) had worn

d) was wearing

20. It is vital that he ... the password.

a) remembers

b) remembered

c) will remember

d) remember

21. If I ... you I would do it now.

a) was

b) am

c) were

d) had been

22. If only I ... that before the test !

a) knew

b) had known

c) have known

d) would have known

23. I wish you ... come and dine with me.

a) will

b) would

c) had

d) have

24. To ... it may concern.

a) who

b) who's

c) whose

d) whom

25. He works as ... pilot for ... airline company.

a) a/a

b) a/the

c) a/an

d) the/the

26. He was caught travelling on the train without ... ticket.

a) the

b) a

c) no

d) none

27. ... English cooking isn't as bad as ... French say.

a) O/the

b) The/O

c) The/the

d) An/the

28. ... to be two options.

a) They exist

b) It exists

c) It seems

d) There seem

29. This old man lives ... .

a) on his own

b) on himself

c) by his own

d) on him

30. He visits them once every ... week.

a) two

b) another

c) other

d) both

31. This is ... of your business.
a) not any
b) no
c) nothing
d) none

32. I like ... of humour.
a) their sense
b) their senses
c) the sense
d) sense

33. Everyone must have ... ready.
a) his boarding pass
b) their boarding pass
c) one's boarding pass
d) their boarding passes

34. She gave ... .
a) a speech of two hours
b) a two-hour speech
c) a two-hours speech
d) about a two hour speech

35. He helped a ... walk back home.
a) blind
b) blind people
c) blind person
d) blind one

36. If you look ... you'll see it.
a) close enough
b) enough close
c) nearly enough
d) closely enough

37. John and Mary are very much ... .

a) unlike

b) alike

c) likely

d) like

38. There were ... people at the meeting.

a) hundreds

b) a hundred of

c) hundreds of

d) hundred

39. The weather was ... worse than expected.

a) very

b) quite

c) extremely

d) rather

40. The ticket was ... than I thought.

a) cheapest

b) the cheapest

c) far cheaper

d) the cheaper

41. I need to ... money to buy a car.

a) lend

b) hire

c) rent

d) borrow

42. Each diamond is ... thousands of pounds.

a) valued

b) valuable

c) valid

d) worth

43. He has a cottage on the ... of the Thames.

a) bank
b) landing
c) shore
d) coast

44. I know you have to go, I won't ... you too long.

a) retard
b) withdraw
c) withstand
d) keep

45. Please ... your seat belt.

a) attach
b) tie
c) bind
d) fasten

II. Reading Comprehension

Choose the word that best fits in the blank.

« *The Next New Thing* » (*Newsweek, December 2001) by Stephen Levy*

« We've been waiting ...46... for the day when we and our machines are ...47... without ...48... . Finally, the pieces are coming together. And life won't be ...49... . Is it finally time for the Wireless Big Bang, when all our devices, appliances and gadgets suddenly blend into a big mixture of connectedness, and everything and everybody is ...50... with each other instantly and persistently ? Relax, the answer is ...51... . We have yet to endure the futuristic vision of internet refrigerators that ...52... the alarm when the milk is low. We do not ...53... receive instant messages from the store after lingering at the store window for 40 seconds ("If you walk in now, that leather sofa in your field of vision is 10 % off..."). And we have yet to contemplate the ...54... of privacy that being on, all the time will entail. »

46.	47.	48.
a) for centuries	a) attached	a) wires
b) since 1999	b) tied	b) ropes
c) for years	c) wired	c) chords
d) since the war	d) connected	d) ties

49.

a) different
b) similar
c) better
d) the same

50.

a) in harmony
b) in keeping
c) in touch
d) in agreement

51.

a) of course
b) never
c) not
d) no

52.

a) blow
b) sound
c) set
d) rise

53.

a) actually
b) currently
c) recently
d) really

54.

a) loss
b) gain
c) win
d) improvement

Read the following text and choose the answer that best fits the text. Give only ONE answer per question.

Ask any unmarried, overworked middle-class person looking for love, and he or she will tell you it all seems hopeless. Finding Mr or Mrs Right is harder than ever. In the 1950s, the median age of marriage for women in the United States was 20, and it was not much more for men. Most well-educated women met their husbands at university, where there was an ample supply of suitable partners. Men could do the same, or find a wife in the suburbs where they grew up, or marry a girl in the office.

The marriage age has crept steadily upwards since then. A rising divorce rate means that more older people are searching for love for a second or third time. And in the past quarter of a century there has been no reliable institution where you can search for a prospective mate. Places like singles bars or health clubs often have much to be desired.

Of course, there is always the workplace, where so many Americans seem to be spending an increasing amount of their time. But the lawyers are busy thwarting that possibility : insurers against sexual-harassment litigation are starting companies where they ought to have « no-dating » policies. So what is a single person to do ? The answer, it appears, is to think like a company. You should « outsource » your social calendar to one of an increasing array of sophisticated matchmaking services that provide « assisted dating ». It's Just Lunch (IJL) is a firm that arranges « pre-screened lunch dates » for busy professionals. IJL customers pay $1,000 a year for a minimum of 12 dates.

55. Finding a partner today in the USA is very difficult because :

a) there are fewer available men around.
b) men are not what they used to be.
c) people no longer get married when they're young.
d) women prefer to live on their own.

56. More people are now looking for partners because :

a) more people become single after getting divorced.

b) men and women both attend university.

c) people are more choosy than in the past.

d) people live longer.

57. Singles bars are not the right places to meet partners because :

a) there are only men there.

b) people go there just to drink.

c) the air there is full of smoke.

d) the text implies that people cannot meet there partners who are serious about marriage.

58. Finding the right partner at work is in fact harder now because :

a) people are overworked.

b) workers are getting older and older.

c) working people are getting divorced.

d) flirting at work is discouraged.

59. People can find partners thanks to IJL because :

a) they can eat there.

b) they pay a lot of money to join.

c) IJL candidates are carefully selected.

d) they drink a lot at IJL parties.

60. People should easily find partners at work because :

a) they spend a lot of time there.

b) companies encourage marriage.

c) companies pay for health club fees.

d) a lot of people there get divorced.

Correction

I. Structure of the language and vocabulary

1. How long ago ... his first film ?
a) has he made
b) did he make
c) has he been making
d) would he make

2. Never before ... this !
a) have I seen
b) did I see
c) I saw
d) I have seen

3. She ... two good films this week.
a) see
b) has seen
c) sees
d) has been seeing

4. He ... in London for 2 years when the war broke out.
a) was living
b) lived
c) has been living
d) had been living

5. Elvis ... for years, but lots of people are still buying his records.
a) has died
b) is dead
c) dead
d) has been dead

6. If I ... enough time I'll come and see you next week.
a) had
b) have
c) will have
d) would have

7. He denied ... the question.
a) to have asked
b) asking
c) he has asked
d) to ask

8. Would you mind ... louder ?
a) speaking
b) to speak
c) and speak
d) speak

9. I must be careful ... her.
a) to not disturb
b) in not disturbing
c) not to disturb
d) of not disturbing

10. Charles succeeded ... the game.
a) to win
b) win
c) winning
d) in winning

11. I am used ... coffee at breakfast.
a) drink
b) to drink
c) to drinking
d) drinking

12. He used ... a lot when he was working.
a) smoke
b) to smoking
c) to smoke
d) smoking

13. It's no use ... it's all over now.
a) crying
b) to cry
c) cry
d) to crying

14. There is no point ... now, we have time.
a) to leave
b) leaving
c) of leaving
d) in leaving

15. His wife could not bear ... anymore and left him.
a) his drink
b) his drinking
c) that he drinks
d) him to drink

16. They all suggested ... early.
a) to start
b) starting
c) being started
d) having to start

17. ... in public was the difficult part.
a) Speak
b) The speaking
c) Speech
d) Speaking

18. I'd rather stay than ... .
a) go
b) to go
c) going
d) I go

19. She insists that he ... a tie for the wedding.

a) wears

b) wear

c) had worn

d) was wearing

20. It is vital that he ... the password.

a) remembers

b) remembered

c) will remember

d) remember

21. If I ... you I would do it now.

a) was

b) am

c) were

d) had been

22. If only I ... that before the test !

a) knew

b) had known

c) have known

d) would have known

23. I wish you ... come and dine with me.

a) will

b) would

c) had

d) have

24. To ... it may concern.

a) who

b) who's

c) whose

d) whom

25. He works as ... pilot for ... airline company.
a) a/a
b) a/the
c) a/an
d) the/the

26. He was caught travelling on the train without ... ticket.
a) the
b) a
c) no
d) none

27. ... English cooking isn't as bad as ... French say.
a) 0/the
b) The/0
c) The/the
d) An/the

28. ... to be two options.
a) They exist
b) It exists
c) It seems
d) There seem

29. This old man lives ... .
a) on his own
b) on himself
c) by his own
d) on him

30. He visits them once every ... week.
a) two
b) another
c) other
d) both

31. This is ... of your business.

a) not any

b) no

c) nothing

d) none

32. I like ... of humour.

a) their sense

b) their senses

c) the sense

d) sense

33. Everyone must have ... ready.

a) his boarding pass

b) their boarding pass

c) one's boarding pass

d) their boarding passes

34. She gave ... .

a) a speech of two hours

b) a two-hour speech

c) a two-hours speech

d) about a two hour speech

35. He helped a ... walk back home.

a) blind

b) blind people

c) blind person

d) blind one

36. If you look ... you'll see it.

a) close enough

b) enough close

c) nearly enough

d) closely enough

37. John and Mary are very much ... .
a) unlike
b) alike
c) likely
d) like

38. There were ... people at the meeting.
a) hundreds
b) a hundred of
c) hundreds of
d) hundred

39. The weather was ... worse than expected.
a) very
b) quite
c) extremely
d) rather

40. The ticket was ... than I thought.
a) cheapest
b) the cheapest
c) far cheaper
d) the cheaper

41. I need to ... money to buy a car.
a) lend
b) hire
c) rent
d) borrow

42. Each diamond is ... thousands of pounds.
a) valued
b) valuable
c) valid
d) worth

43. He has a cottage on the ... of the Thames.
a) bank
b) landing
c) shore
d) coast

44. I know you have to go, I won't ... you too long.
a) retard
b) withdraw
c) withstand
d) keep

45. Please ... your seat belt.
a) attach
b) tie
c) bind
d) fasten

II. Reading Comprehension

46.
a) for centuries
b) since 1999
c) for years
f) since the war

47.
a) attached
b) tied
c) wired
d) connected

48.
a) wires
b) ropes
c) chords
d) ties

49.
a) different
b) similar
c) better
d) the same

50.
a) in harmony
b) in keeping
c) in touch
d) in agreement

51.
a) of course
b) never
c) not
d) no

52.
a) blow
b) sound
c) set
d) rise

53.
a) actually
b) currently
c) recently
d) really

54.
a) loss
b) gain
c) win
d) improvement

55. Finding a partner today in the USA is very difficult because :
a) there are fewer available men around.
b) men are not what they used to be.
c) people no longer get married when they're young.
d) women prefer to live on their own.

56. More people are now looking for partners because :
a) more people become single after getting divorced.
b) men and women both attend university.
c) people are more choosy than in the past.
d) people live longer.

57. Singles bars are not the right places to meet partners because :
a) there are only men there.
b) people go there just to drink.
c) the air there is full of smoke.
d) the text implies that people cannot meet there partners who are serious about marriage.

58. Finding the right partner at work is in fact harder now because :
a) people are overworked.
b) workers are getting older and older.
c) working people are getting divorced.
d) flirting at work is discouraged.

59. People can find partners thanks to IJL because :
a) they can eat there.
b) they pay a lot of money to join.
c) IJL candidates are carefully selected.
d) they drink a lot at IJL parties.

60. People should easily find partners at work because :
a) they spend a lot of time there.
b) companies encourage marriage.
c) companies pay for health club fees.
d) a lot of people there get divorced.

ANNEXES

1 | MÉMO CONCOURS ET JOUR J

Ce petit aide-mémoire vous permettra de ne pas risquer d'oublier un élément important avant de vous présenter le jour J au concours.

■ POUR TOUTES LES ÉPREUVES

La veille des épreuves :
• pensez à vérifier le chemin et le temps nécessaire pour vous rendre sur les lieux du concours (en prévoyant une assez large marge de sécurité) ;
• pensez à prendre avec vous votre convocation et une pièce d'identité (carte nationale d'identité ou passeport, en cours de validité et dans un état présentable) ;
• prenez le temps de vous détendre.

Le jour des épreuves :
• pensez à vous munir d'au moins une trentaine d'euros en liquide (pour régler votre déjeuner, pour pouvoir prendre éventuellement un taxi si les transports en commun sont en grève ou en retard le jour du concours...) ;
• garnissez votre sac de quelques en-cas (barres chocolatées ou de céréales, fruits...).

■ POUR LES ÉPREUVES D'ADMISSIBILITÉ

La veille des épreuves : prévoyez dans votre sac le matériel : stylos noirs ou bleus (prenez-en plusieurs par sécurité), crayon, calculatrice avec des piles en état de fonctionnement (sous réserve qu'elle soit autorisée), règle plate graduée.

Le jour des épreuves :
• pensez à vous rendre aux toilettes avant d'entrer dans la salle d'examen ;
• faites bien attention à ne pas signer votre copie, ni à y porter de signe distinctif.

■ POUR L'ÉPREUVE D'ENTRETIEN AVEC LE JURY

La veille des épreuves :
• préparez sur un cintre la tenue que vous allez porter pour le lendemain ;
• cirez vos chaussures.

Le jour des épreuves :

• avant de vous rendre à l'épreuve d'entretien avec le jury, écoutez une station de radio donnant des informations et munissez-vous d'un journal quotidien afin d'être informé des derniers événements de l'actualité ;

• pensez à vous rendre aux toilettes et à couper votre téléphone portable avant d'entrer dans la salle d'examen.

2| LE MANUEL D'ANNALES CORRIGÉES

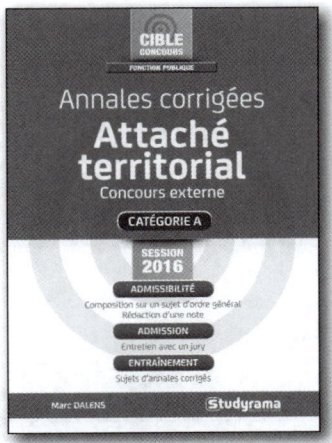

Annales corrigées attaché territorial, concours externe, **Marc Dalens, Studyrama**

Cet ouvrage d'annales corrigées s'adresse aux candidats préparant le **concours externe d'attaché territorial** (catégorie A), un concours exigeant et sélectif qui requiert une préparation solide. L'attaché territorial participe à la conception, à l'élaboration et à la mise en œuvre des politiques décidées dans les domaines administratif, financier, économique, sanitaire, social, culturel, de l'animation et de l'urbanisme. Il est amené à exercer des fonctions d'encadrement et à assurer la direction de bureaux ou de services.

Dans le cadre d'un entraînement complet, ce livre vous permet de vous familiariser avec les épreuves et de vous mettre en situation de concours. Des **conseils de méthodologie** et de nombreux **sujets d'annales corrigés récents** (session 2014) vous permettent de vous entraîner aux épreuves écrites d'admissibilité :
- l'épreuve de composition ;
- la rédaction d'une note administrative.

3| LE MANUEL DE PRÉPARATION À L'ORAL

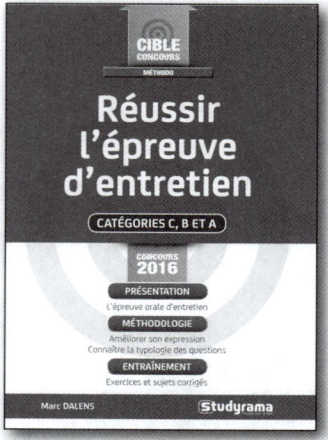

Réussir l'épreuve d'entretien, Marc Dalens, Studyrama

L'étape d'admission est décisive et le passage des épreuves orales est souvent particulièrement redouté des candidats. Voilà pourquoi il est nécessaire de dédramatiser ces épreuves afin de les aborder plus sereinement. La logique de l'épreuve orale, le comportement à adopter à l'égard du jury et la gestion du stress font notamment partie des points abordés dans cet ouvrage. Ce guide donne, par ailleurs, toutes les clés pour se préparer efficacement et réussir l'oral des différents concours. Des exercices pratiques et des simulations vous permettront de progresser efficacement.

4 | LE MANUEL SUR L'ÉPREUVE DE RÉDACTION DE NOTE

Réussir l'épreuve de note administrative en 8 étapes, **Marc Dalens, Studyrama**

Cet ouvrage vous donne tous les outils permettant de préparer efficacement l'épreuve de note administrative. Celle-ci est présente dans de nombreux concours de la fonction publique de catégories B et A (IRA, attaché territorial, rédacteur territorial, secrétaire administratif...) et inclut la rédaction éventuelle de propositions accompagnant la note. Cette épreuve peut parfois prendre la forme du rapport ou du compte rendu dans les concours de catégorie C (agent de maîtrise territorial, surveillant pénitentiaire...).

Très complet, ce livre propose des conseils méthodologiques afin d'acquérir les techniques propres à la rédaction de la note et des propositions, écrits qui nécessitent de savoir exploiter rapidement les nombreux documents du dossier, mais aussi de maîtriser le style sobre, neutre et précis de l'Administration.

L'épreuve est présentée, pas à pas, en 8 étapes :

- Lire et analyser le sujet ;
- Appréhender le dossier ;
- Lire le dossier et prendre des notes ;
- L'élaboration du plan ;
- Rédiger l'introduction et la conclusion ;
- La présentation de la copie ;
- Rédiger la note et maîtriser le style administratif ;
- Établir et rédiger les propositions.

Des exercices d'application issus d'annales de concours et accompagnés de corrigés détaillés vous permettront de vous préparer au mieux à l'épreuve.

5| ADRESSES UTILES

Les centres départementaux de gestion de la fonction publique territoriale (CDGFPT)

Pour tout savoir sur les centres de gestion, rendez-vous sur le site de la Fédération nationale des centres de gestion : www.fncdg.com

Centre de gestion de l'Ain
145, chemin de Bellevue
01960 Péronnas
Tél. : 04 74 32 13 81
Fax : 04 74 21 76 44
E-mail : cdg01@cdg01.fr
Internet : www.cdg01.fr

Centre de gestion de l'Aisne
136 ter, rue Pasteur
BP 20076
02302 Chauny cedex
Tél. : 03 23 52 01 52
Fax : 03 23 39 58 12
E-mail : contact@cdg02.fr
Internet : www.cdg02.fr

Centre de gestion de l'Allier
Maison des Communes
4, rue Marie Laurencin
03400 Yzeure
Tél. : 04 70 48 21 00
Fax : 04 70 44 85 61
E-mail : accueil@cdg03.fr
Internet : www.cdg03.fr

Centre de gestion des Alpes de Haute-Provence
Chemin de Font de Lagier
BP 9
04130 Volx
Tél. : 04 92 70 13 00
Fax : 04 92 70 13 01
E-mail : courrier@cdg04.fr
Internet : www.cdg04.fr

Centre de gestion des Hautes-Alpes
Les Fauvettes II
1, rue des Marronniers
05000 GAP
Tél. : 04 92 53 29 10
Fax : 04 92 53 29 11
E-mail : accueil@cdg05.fr
Internet : www.cdg05.fr

Centre de gestion des Alpes-Maritimes
Espace 3000
33, avenue Henri Lantelme
BP 169
06704 Saint-Laurent-du-Var
Tél. : 04 92 27 34 34
Fax : 04 92 27 34 35
E-mail : contact@cdg06.fr
Internet : www.cdg06.fr

Centre de gestion de l'Ardèche
Résidence Le Parc Vivarais A
Rue Baptiste Marcet
BP 187
07204 Aubenas cedex
Tél. : 0820 000 468
Fax : 04 75 35 37 93
E-mail : cdg@cdg07.com
Internet : www.cdg07.com

Centre de gestion des Ardennes
1, boulevard Louis Aragon
08000 Charleville-Mézières
Tél. : 03 24 33 88 00
E-mail : secretariat@cdg08.fr
Internet : www.cdg08.fr

Centre de gestion de l'Ariège
4, avenue Raoul Lafagette
09000 Foix
Tél. : 05 34 09 32 40
Fax : 05 34 09 30 88
E-mail : cdg@cdg09.fr
Internet : www.cdg09.fr

Centre de gestion de l'Aube
C.D.G. 10 - BP 40085
2, Rond Point Winston Churchill
Sainte-Savine
10602 La Chapelle Saint Luc cedex
Tél. : 03 25 73 58 01
Fax : 03 25 73 83 01
E-mail : contact@cdg10.fr
Internet : www.cdg10.fr

Centre de gestion de l'Aude
CS 6005
11890 Carcassonne cedex
Tél. : 04 68 77 79 79
E-mail : cdg11@cdg11.fr
Internet : www.cdg11.fr

Centre de gestion de l'Aveyron
Immeuble « Le Serial »
10, faubourg Lo Barry
Étoile-Saint-Cyrice
12000 Rodez
Tél. : 05 65 73 61 60
Fax : 05 65 73 61 61
E-mail : cdg.aveyron@cdg-12.fr

Centre de gestion des Bouches-du-Rhône
Les Vergers de la Thumine - Bât A
Boulevard de la Grande Thumine
CS 10439
13098 Aix-en-Provence cedex 02
Tél. : 04 42 54 40 50
Fax : 04 42 54 40 51
E-mail : webmaster@cdg13.com
Internet : www.cdg13.com

Centre de gestion du Calvados
2, impasse Initialis - CS 20052
14202 Hérouville-Saint-Clair cedex
Tél. : 02 31 15 50 20
Fax : 02 31 85 98 76
E-mail : cdg14@cdg14.fr
Internet : www.cdg14.fr

Centre de gestion du Cantal
Parc d'activités de Tronquières
14, avenue de Garric
15000 Aurillac
Tél. : 04 71 63 89 35
Fax : 04 71 63 89 36
E-mail : cdg15@cdg15.fr
Internet : www.cdg15.fr

Centre de gestion de la Charente
30, rue Denis Papin
16022 Angoulême cedex
Tél. : 05 45 69 70 02
Fax : 05 45 95 35 89
E-mail : cdg16@cdg16.fr
Internet : www.cdg16.fr

**Centre de gestion
de la Charente-Maritime**
85, boulevard de la République
17076 La Rochelle cedex 09
Tél. : 05 46 27 47 00
Fax : 05 46 27 47 08
E-mail : cdg17@cdg17.fr
Internet : www.cdg17.fr

Centre de gestion du Cher
BP 2001
18026 Bourges cedex
Tél. : 02 48 50 82 50
Fax : 02 48 50 37 59
E-mail : cdgcher@cdg18.fr
Internet : www.cdg18.fr

Centre de gestion de la Corrèze
Résidence Clemenceau
1, rue des Récollets
19000 Tulle
Tél. : 05 55 20 69 40
Fax : 05 55 20 69 59
E-mail : accueil@cdg19.fr
Internet : www.cdg19.fr

Centre de gestion de la Corse-du-Sud
18, cours Napoléon
BP 60321
20178 Ajaccio cedex 1
Tél. : 04 95 51 07 26
Fax : 04 95 21 60 75
E-mail : cdgfpt@wanadoo.fr
Internet : www.cdg2a.com

Centre de gestion de la Haute-Corse
Immeuble « Le Lesia »
Avenue de la Libération
20600 Bastia
Tél. : 04 95 32 33 65
Fax : 04 95 31 10 75
E-mail : cdg2b.emploi@free.fr
Internet : www.cdg2b.com

Centre de gestion de la Côte d'Or
16/18, rue Nodot
BP 70566
21005 Dijon cedex
Tél. : 03 80 76 99 76
Fax : 03 80 76 99 80
E-mail : cdg21@cdg21.fr
Internet : www.cdg21.fr

Centre de gestion des Côtes d'Armor
Éleusis 2
1, rue Pierre et Marie Curie
BP 417
22194 Plérin cedex
Tél. : 02 96 58 64 00
Fax : 02 96 58 63 63
E-mail : communication@cdg.22.fr
Internet : www.cdg22.fr

Centre de gestion de la Creuse
Résidence Chabrières
Rue Charles Chareille
23000 Guéret
Tél. : 05 55 51 90 20
Fax : 05 55 51 90 26
E-mail : info@cdg23.fr
Internet : www.cdg23.fr

Centre de gestion de la Dordogne
Maison des Communes
1, boulevard de Saltgourde
BP 108
24051 Périgueux CT cedex 9
Tél. : 05 53 02 87 00
Fax : 05 53 02 87 56
E-mail : accueil@cdg24.fr
Internet : www.cdg24.fr

Centre de gestion du Doubs
50, avenue Wilson
CS 98416
25208 Montbéliard cedex
Tél. : 03 81 99 36 36
Fax : 03 81 32 23 94
E-mail : secretariat@cdg25.org
Internet : www.cdg25.org

Centre de gestion de la Drôme
Île Girodet
Allée André Revol
26011 Valence cedex
Tél. : 04 75 82 01 30
Fax : 04 75 42 39 40
E-mail : info@cdg26.fr
Internet : www.cdg26.fr

Centre de gestion de l'Eure
10 bis, rue du docteur Michel Baudoux
BP 276
27002 Évreux cedex
Tél. : 02 32 29 23 99
Fax : 02 32 31 35 77
E-mail : info@cdg27.fr
Internet : www.cdg27.fr

Centre de gestion d'Eure-et-Loir
Maison des Communes
9, rue Jean Perrin
28600 Luisant
Tél. : 02 37 91 43 40
Fax : 02 37 30 87 44
E-mail : contact@cdg28.fr
Internet : www.cdg28.fr

Centre de gestion du Finistère
7, boulevard du Finistère
29336 Quimper cedex
Tél. : 02 98 64 11 30
Fax : 02 98 64 11 59
E-mail : cdg29@cdg29.fr
Internet : www.cdg29.fr

Centre de gestion du Gard
183, chemin du Mas-Coquillard
30900 Nîmes
Tél. : 04 66 38 86 86
Fax : 04 66 38 86 87
E-mail : cdg30@cdg30.fr
Internet : www.cdg30.fr

Centre de gestion de la Haute-Garonne
590, rue Buissonnière
CS 37666
31676 Labège cedex
Tél. : 05 81 91 93 00
Fax : 05 62 26 09 39
E-mail : contact@cdg31.fr
Internet : www.cdg31.fr

Centre de gestion du Gers
4, place du maréchal Lannes
BP 80 002
32001 Auch cedex
Tél. : 05 62 60 15 00
Fax : 05 62 63 42 58
E-mail : accueil@cdg32.fr
Internet : www.cdg32.fr

Centre de gestion de la Gironde
Immeuble Horiopolis
25, rue du Cardinal Richaud
CS 10019
33049 Bordeaux Cedex
Tél. : 05 56 11 94 30
Fax : 05 56 11 94 44
E-mail : cdg33@cdg33.fr
Internet : www.cdg33.fr

Centre de gestion de l'Hérault
Parc d'activité d'Alco
254, rue Michel Teule
34184 Montpellier cedex 4
Tél. : 04 67 04 38 80
Fax : 04 67 66 42 88
E-mail : cdg34@cdg34.fr
Internet : www.cdg34.fr

Centre de gestion d'Ille-et-Vilaine
Village des collectivités territoriales
1, avenue Tizé – CS 13600
35236 Thorigné-Fouillard cedex
Tél. : 02 99 23 31 00
Fax : 02 99 23 38 00
E-mail : contact@cdg35.fr
Internet : www.cdg35.fr

Centre de gestion de l'Indre
21, rue Bourdillon
36000 Châteauroux
Tél. : 02 54 34 18 20
Fax : 02 54 22 97 42
E-mail : cdgindre@cdg36.fr
Internet : www.cdg36.fr

Centre de gestion d'Indre-et-Loire
25, rue du Rempart
CS 14135
37041 Tours cedex 1
Tél. : 02 47 60 85 00
Fax : 02 47 60 85 01
E-mail : accueil@cdg37.fr
Internet : www.cdg37.fr

Centre de gestion de l'Isère

416, rue des Universités
BP 97
38401 Saint-Martin-d'Herès
Tél. : 04 76 33 20 33
Fax : 04 76 33 20 40
E-mail : cdg38@cdg38.fr
Internet : www.cdg38.fr

Centre de gestion du Jura

3, rue Victor Berard
CS 50086
39303 Champagnole cedex
Tél. : 03 84 53 06 39
Fax : 03 84 52 38 44
E-mail : accueil@cdg39.fr
Internet : www.cdgjura.fr

Centre de gestion des Landes

Maison des communes
175, place de la Caserne Bosquet
BP 30069
40002 Mont-de-Marsan cedex
Tél. : 05 58 85 80 00
Fax : 05 16 57 00 13
E-mail : cdg40@cdg40.fr
Internet : www.cdg40.fr

Centre de gestion de Loir-et-Cher

3, rue Franciade
41260 La Chaussée-Saint-Victor
Tél. : 02 54 56 28 50
Fax : 02 54 56 28 55
E-mail : cdg41@wanadoo.fr
Internet : www.cdg41.org

Centre de gestion de la Loire

24, rue d'Arcole
42000 Saint-Étienne
Tél. : 04 77 42 67 20
Fax : 04 77 25 81 60
E-mail : accueil1cdg42@cdg42.org
Internet : www.cdg42.org

Centre de gestion de la Haute-Loire

46, avenue de la Mairie
43000 Espaly-Saint-Marcel
Tél. : 04 71 05 37 20
Fax : 04 71 09 20 35
E-mail : accueil43@cdg43.fr
Internet : www.cdg43.fr

Centre de gestion de la Loire-Atlantique

6, rue du Pen Duick II
44262 Nantes cedex 2
Tél. : 02 40 20 00 71
Fax : 02 40 89 00 65
E-mail : messages@cdg44.fr
Internet : www.cdg44.fr

Centre de gestion du Loiret

20, avenue des Droits-de-l'Homme
BP 91249
45002 Orléans cedex 1
Tél. : 02 38 75 85 45
Fax : 02 38 75 85 46
E-mail : cdg45@cdg45.fr
Internet : www.cdg45.fr

Centre de gestion du Lot

12, avenue Charles Pillat
46090 Pradines
Tél. : 05 65 23 00 95
Fax : 05 40 20 42 84
E-mail : cdg@cdgfpt46.fr
Internet : www.cdg46.fr

Centre de gestion de Lot-et-Garonne

53, rue Cartou
CS 80050
47901 Agen cedex 9
Tél. : 05 53 48 00 70
Fax : 05 53 48 00 71
E-mail : contact@cdg47.fr
Internet : www.cdg47.fr

Centre de gestion de la Lozère

2 bis, boulevard Théophile Roussel
48000 Mende
Tél. : 04 66 65 30 03
Fax : 04 66 49 36 02
E-mail : cdg48@cdg48.fr
Internet : www.cdg48.fr

Centre de gestion de Maine-et-Loire

Maison des Maires
9, rue du Clon 49000 Angers
Tél. : 02 41 24 18 80
Fax : 02 41 24 18 99
E-mail : contact@cdg49.fr
Internet : www.cdg49.fr

Centre de gestion de la Manche

139, rue Guillaume Fouace
CS 12309
50009 Saint-Lô cedex
Tél. : 02 33 77 89 00
Fax : 02 33 57 07 07
E-mail : cdg50@cdg50.fr
Internet : www.cdg50.fr

Centre de gestion de la Marne

11, rue Carnot
CS 10105
51007 Châlons-en-Champagne cedex
Tél. : 03 26 69 44 00
Fax : 03 26 70 59 36
E-mail : accueil@cdg51.fr
Internet : www.cdg51.fr

Centre de gestion de la Haute-Marne

9, rue de la Maladière
BP 159
52005 Chaumont cedex
Tél. : 03 25 35 33 20
Fax : 03 25 35 33 21
E-mail : cdg52@cdg52.fr
Internet : www.cdg52.fr

Centre de gestion de la Mayenne

Maison des Collectivités
Parc tertiaire Cérès – Bât. F
21, rue Ferdinand Buisson
53810 Changé
Tél. : 02 43 59 09 09
Fax : 02 43 53 16 74
E-mail : cdg53@cdg53.fr
Internet : www.cdg53.fr

**Centre de gestion
de Meurthe-et-Moselle**
2, allée Pelletier Doisy
BP 340
54602 Villiers-lès-Nancy cedex
Tél. : 03 83 67 48 10
Fax : 03 83 97 88 44
E-mail : secretariat@cdg54.fr
Internet : www.cdg54.fr

Centre de gestion de la Meuse
92, rue des Capucins
BP 90054
55202 Commercy cedex
Tél. : 03 29 91 44 35
Fax : 03 29 91 52 54
E-mail : cdg55@cdg55.fr
Internet : www.cdg55.fr

Centre de gestion du Morbihan
6 bis, rue Olivier de Clisson
BP 161
56005 Vannes cedex
Tél. : 02 97 68 16 00
Fax : 02 97 68 16 01
E-mail : cdg56@cdg56.fr
Internet : www.cdg56.fr

Centre de gestion de la Moselle
16, rue de l'Hôtel de Ville
BP 50229
57952 Montigny-lès-Metz cedex
Tél. : 03 87 65 27 06
Fax : 03 87 50 69 32
E-mail : cdg57@md.fitech.fr
Internet : www.cdg57.fr

Centre de gestion de la Nièvre
24, rue du Champ de Foire
BP 3
58028 Nevers cedex
Tél. : 03 86 71 66 10
Fax : 03 86 59 20 91
E-mail : contact@cdg58.com
Internet : www.cdg58.com

Centre de gestion du Nord
14, rue Jeanne Maillotte
BP 1222
59013 Lille cedex
Tél. : 03 59 56 88 00
Fax : 03 59 56 88 91
E-mail : contact@cdg59.fr
Internet : www.cdg59.fr

Centre de gestion de l'Oise
2, rue Jean Monnet – PAE du Tilloy
BP 20807
60008 Beauvais cedex
Tél. : 03 44 06 22 60
Fax : 03 44 45 04 44
E-mail : contact@cdg60.com
Internet : www.cdg60.com

Centre de gestion de l'Orne
Rue de Gâtel
61250 Valframbert
Tél. : 02 33 80 48 00
Fax : 02 33 29 02 82
E-mail : cdg61@cdg61.fr
Internet : www.cdg61.fr

Centre de gestion du Pas-de-Calais
Allée du Château - LABUSSIERE
BP 67
62702 Bruay-la-Buissière cedex
Tél. : 03 21 52 99 50
Fax : 03 21 52 01 62
E-mail : secretariat@cdg62.org
Internet : www.cdg62.fr

Centre de gestion du Puy-de-Dôme
7, rue Condorcet
CS 70007
63063 Clermont-Ferrand cedex 1
Tél. : 04 73 28 59 80
Fax : 04 73 28 59 81
E-mail : accueil@cdg63.fr
Internet : www.cdg63.fr

**Centre de gestion
des Pyrénées-Atlantiques**
Rue Auguste Renoir
Maison des Communes
CS 40609
64006 Pau cedex
Tél. : 05 59 84 40 40
Fax : 05 59 84 11 98
E-mail : info@cdg-64.fr
Internet : www.cdg-64.fr

Centre de gestion des Hautes-Pyrénées
Maison des Collectivités Territoriales
13, rue Émile Zola
65600 Séméac
Tél. : 05 62 38 92 50
Fax : 05 62 36 60 58
E-mail : cdg65@cdg65.fr
Internet : www.cdg65.fr

**Centre de gestion
des Pyrénées-Orientales**
6, rue de l'Ange
66900 Perpignan
Tél. : 04 68 34 88 66
Fax : 04 68 34 87 24
E-mail : secgen@cdg66.fr
Internet : www.cdg66.fr

Centre de gestion du Bas-Rhin
12, avenue Robert Schuman
BP 51024
67381 Lingolsheim cedex
Tél. : 03 88 10 34 64
Fax : 03 88 10 34 60
E-mail : cdg67@cdg67.fr
Internet : www.cdg67.fr

Centre de gestion du Haut-Rhin
22, rue Wilson
68027 Colmar cedex
Tél. : 03 89 20 36 00
Fax : 03 89 20 36 29
E-mail : cdg68@calixo.net
Internet : www.cdg68.fr

Centre de gestion du Rhône
9, allée Alban Vistel
69110 Sainte-Foy-lès-Lyon
Tél. : 04 72 38 49 50
Fax : 04 72 38 49 79
E-mail : cdg69@cdg69.fr
Internet : www.cdg69.fr

Centre de gestion de la Haute-Saône
7, rue de la Corne-Jacquot-Bournot
Z.I du Duregon
70000 Noidans-lès-Vesoul
Tél. : 03 84 97 02 40
Fax : 03 84 97 02 41
E-mail : contact@cdg70.fr
Internet : www.cdg70.fr

Centre de gestion de Saône-et-Loire
6, rue de Flacé
71018 Mâcon cedex
Tél. : 03 85 21 19 19
Fax : 03 85 21 19 10
E-mail : accueil-communication@cdg71.fr
Internet : www.cdg71.fr

Centre de gestion de la Sarthe
3, rue Paul Beldant
72014 Le Mans cedex 2
Tél. : 02 43 24 25 72
Fax : 02 43 77 17 85
E-mail : centredegestion.fptsarthe@cdg72.fr
Internet : www.cdg72.fr

Centre de gestion de la Savoie
Parc d'activités Alpespace
113, voie Albert Einstein
73800 Francin
Tél. : 04 79 70 22 52
Fax : 04 79 70 84 84
E-mail : contact@cdg73.com
Internet : www.cdg73.com

Centre de gestion de la Haute-Savoie
55, rue du Val Vert
CS 30138
74601 Seynod cedex
Tél. : 04 50 51 98 50
Fax : 04 50 45 52 34
E-mail : cdg74@cdg74.fr
Internet : www.cdg74.fr

Centre de gestion de la Seine-Maritime
3440, route de Neufchâtel
BP 72
76233 Bois-Guillaume cedex
Tél. : 02 35 59 71 11
Fax : 02 35 59 41 53
E-mail : direction@cdg76.fr
Internet : www.cdg76.fr

Centre de gestion de Seine-et-Marne
10, points de vue
CS 40056
77564 Lieusaint cedex
Tél. : 01 64 14 17 00
Fax : 01 64 14 17 50
E-mail : cdg77@cdg77.fr
Internet : www.cdg77.fr

Centre de gestion de la grande couronne
15, rue Boileau – BP 855
78008 Versailles cedex
Tél. : 01 39 49 63 00
Fax : 01 39 02 27 26
E-mail : cigversailles@cigversailles.fr
Internet : www.cigversailles.fr

Centre de gestion des Deux-Sèvres
7, rue Chaigneau
79403 Saint-Maixent-l'École
Tél. : 04 49 06 08 50
Fax : 05 49 06 08 59
E-mail : cdg79@cdg79.fr
Internet : www.cdg79.fr

Centre de gestion de la Somme
32, rue Lavalard
CS 12604
80026 Amiens cedex
Tél. : 03 22 91 05 19
Fax : 03 22 91 05 94
E-mail : cdg.80@cdg80.fr
Internet : www.cdg80.fr

Centre de gestion du Tarn
Maison des Communes
188, rue de Jarlard
81000 Albi
Tél. : 05 63 60 16 50
Fax : 05 63 60 16 51
E-mail : cdg81@cdg81.fr
Internet : www.cdg81.fr

Centre de gestion de Tarn-et-Garonne
23, boulevard Vincent Auriol
82000 Montauban
Tél. : 05 63 21 62 00
Fax : 05 63 21 62 01
E-mail : cdg82@cdg82.fr
Internet : www.cdg82.fr

Centre de gestion du Var
Les Cyclades
1766, chemin de la Planquette
BP 90130
83957 La Garde cedex
Tél. : 04 94 00 09 20
Fax : 04 94 00 09 55
E-mail : cdg83@cdg83.fr
Internet : www.cdg83.fr

Centre de gestion du Vaucluse
80, rue Marcel Demonque
Agroparc – CS 60508
84908 Avignon cedex 9
Tél. : 04 32 44 89 30
Fax : 04 90 31 32 74
E-mail : contact@cdg84.fr
Internet : www.cdg84.fr

Centre de gestion de la Vendée
65, rue Képler
CS 60239
85006 La Roche-sur-Yon cedex
Tél. : 02 51 44 50 60
Fax : 02 51 37 00 66
E-mail : maisondescommunes@cdg85.fr
Internet : www.cdg85.fr

Centre de gestion de la Vienne
Avenue René Cassin - Téléport 2
BP 20205
86962 Futuroscope-Chasseneuil cedex
Tél. : 05 49 49 12 10
Fax : 05 49 49 12 11
E-mail : cdg86@cg86.fr
Internet : www.cdg86.fr

Centre de gestion de la Haute-Vienne

55 bis, rue de l'Ancienne-École-Normale
d'Instituteurs
BP 339
87009 Limoges cedex
Tél. : 05 55 30 08 40
Fax : 05 55 30 08 59
E-mail : cdg87@cdg87.fr
Internet : www.cdg87.fr

Centre de gestion des Vosges

28, rue de la Cé d'Or
BP 40084
88003 Épinal cedex
Tél. : 03 29 35 63 10
Fax : 03 29 35 50 72
E-mail : cdg88@cdg88.fr
Internet : www.cdg88.fr

Centre de gestion de l'Yonne

47, rue Théodore de Bèze
BP 86
89011 Auxerre cedex
Tél. : 03 86 51 43 43
Fax : 03 86 51 75 48
E-mail : cdg89@wanadoo.fr
Internet : www.cdg89.fr

Centre de gestion du Territoire de Belfort

Maison des Communes
29, boulevard Anatole France
CS 40322
90006 Belfort cedex
Tél. : 03 84 57 65 65
Fax : 03 84 57 65 66
E-mail : vpantchenko@cdg90.fr
Internet : www.cdg90.fr

Centre de gestion de la petite couronne

157, avenue Jean Lolive
93698 Pantin cedex
Tél. : 01 56 96 80 80
Fax : 01 56 96 80 81
E-mail : info@cig929394.fr
Internet : www.cig929394.fr

Centre de gestion de la Guadeloupe

Avenue Paul Lacavé – Petit-Paris
BP 465
97100 Basse-Terre
Tél. : 05 90 99 45 00
Fax : 05 90 99 45 21
E-mail : info@cdg-guadeloupe.fr
Internet : www.cdg-guadeloupe.fr

Centre de gestion de la Martinique

ZAC Étang Z'abricots
BP 1169
97249 Fort-de-France cedex
Tél. : 05 96 70 08 86
Fax : 05 96 70 64 32
E-mail : info@cdg-martinique.fr
Internet : www.cdg-martinique.fr

Centre de gestion de la Guyane

36, avenue Louis Pasteur
BP 493
97332 Cayenne cedex
Tél. : 05 94 29 00 91
Fax : 05 94 37 96 97
E-mail : direction@cdg973.fr
Internet : www.cdg973.org

Centre de gestion de la Réunion
5, allée de la Piscine de Cazabona
BP 374
97455 Saint-Pierre cedex
Tél. : 02 62 42 57 57
Fax : 02 62 43 09 47
E-mail : direction@cdgreunion.fr
Internet : www.cdg974.fr

**Centre de gestion de Mayotte
et de la Polynésie Française**
34, rue du Collège
97600 Mamoudzou
Tél. : 02 69 61 06 02
Fax : 02 69 61 12 43
E-mail : cdg976@wanadoo.fr

Le CNFPT et ses délégations régionales

CNFPT
80, rue de Reuilly
CS 41232
75578 Paris cedex 12
Tél. : 01 55 27 44 00
Fax : 01 55 27 44 01

CNFPT Alsace-Moselle
5, rue des Récollets
BP 54093
57040 Metz cedex 1
Tél. : 03 87 39 97 40
Fax : 03 87 39 97 69

CNFPT Aquitaine
71, allée Jean Giono
33075 Bordeaux cedex
Tél. : 05 56 99 93 50
Fax : 05 56 99 95 13

CNFPT Auvergne
Centre George Couthon
Place Delille
CS 30397
63011 Clermont-Ferrand cedex 1
Tél. : 04 73 74 52 20
Fax : 04 73 92 54 34

CNFPT Basse-Normandie
17, avenue du Cambridge
14209 Hérouville-Saint-Clair cedex
Tél. : 02 31 46 20 50
Fax : 02 31 46 20 51

CNFPT Bourgogne
6/8, rue Marie Curie
BP 37904
21079 Dijon cedex
Tél. : 03 80 74 77 00
Fax : 03 80 74 77 99

CNFPT Bretagne
Parc d'innovation de Bretagne Sud
Rue Louis de Broglie
CP 58
56038 Vannes cedex
Tél. : 02 97 47 71 00
Fax : 02 97 47 71 19

CNFPT Centre
6, rue de l'Abreuvoir
BP 33
45015 Orléans cedex 1
Tél. : 02 38 78 94 94
Fax : 02 38 81 29 40

CNFPT Champagne-Ardenne
1, esplanade Lucien Péchart
CS 83046
10012 Troyes cedex
Tél. : 03 25 83 10 60
Fax : 03 25 83 10 61

CNFPT Corse
Route du Salario
57, avenue de Verdun
20000 Ajaccio
Tél. : 04 95 50 45 00
Fax : 04 95 50 45 10

CNFPT Franche-Comté
3 bis, rue Boulloche
BP 2087
25051 Besançon cedex
Tél. : 03 81 41 98 49
Fax : 03 81 41 98 30

CNFPT grande-couronne Île-de-France
14, avenue du Centre
78180 Montigny-le-Bretonneux
Tél. : 01 30 96 13 50
Fax : 01 30 96 14 00

CNFPT Guadeloupe
17, avenue Paul Lacavé
BP 575
97108 Basse-Terre cedex
Tél. : 05 90 99 07 70
Fax : 05 90 99 17 78

CNFPT Guyane
26, rue François Arago
BP 27
97321 Cayenne cedex
Tél. : 05 94 29 68 00
Fax : 05 94 29 68 07

CNFPT Haute-Normandie
20, quai Gaston Boulet
BP 4072
76022 Rouen cedex
Tél. : 02 35 98 24 30
Fax : 02 35 71 20 69

CNFPT Languedoc-Roussillon
Parc Euromédecine
337, rue des Apothicaires
34196 Montpellier cedex 5
Tél. : 04 67 61 77 77
Fax : 04 67 41 24 77

CNFPT Limousin
Chéops 87
55, rue de l'Ancienne-École-Normale
d'Instituteurs
BP 339
87009 Limoges cedex
Tél. : 05 55 30 08 70
Fax : 05 55 30 08 89

CNFPT Lorraine
6, quai Andreu de Bilistein
BP 90371
54007 Nancy cedex
Tél. : 03 83 18 46 00
Fax : 03 83 30 97 94

CNFPT Martinique

Maison des Collectivités
ZAC de l'Étang Z'abricot
BP 674
97264 Fort-de-France cedex
Tél. : 05 96 70 20 70
Fax : 05 96 63 84 92

CNFPT Mayotte

Rue de la Carrière Doujani 2
BP 678
97600 Mamoudzou
Tél. : 02 69 64 85 00
Fax : 02 69 64 85 05

CNFPT Midi-Pyrénées

9, rue Alex Coutet
BP 82312
31023 Toulouse cedex 1
Tél. : 05 62 11 38 00
Fax : 05 62 11 38 11

CNFPT Nord-Pas-de-Calais

15, rue Bavay - CS 40031
59040 Lille cedex
Tél. : 03 20 15 69 69
Fax : 03 20 15 69 70

CNFPT Pays de la Loire

60, boulevard Victor Beaussier
CS 40205
49002 Angers cedex 1
Tél. : 02 41 77 37 37
Fax : 02 41 77 37 38

CNFPT Picardie

16, square Friand les 4 Chênes
CS 41110
80011 Amiens cedex 01
Tél. : 03 22 33 78 20
Fax : 03 22 33 78 22

CNFPT Poitou-Charentes

50, boulevard du Grand Cerf
BP 30384
86010 Poitiers cedex
Tél. : 05 49 50 34 34
Fax : 05 49 88 67 70

CNFPT première couronne

145, avenue Jean Lolive
93695 Pantin cedex
Tél. : 01 41 83 30 00
Fax : 01 41 83 30 10

CNFPT Provence-Alpes-Côte d'Azur

Chemin de la Planquette
CS 50125
83957 La Garde cedex
Tél. : 04 94 08 96 00
Fax : 04 94 08 96 50

CNFPT La Réunion

4, rue Camille Vergoz
BP 822
97476 Saint-Denis-de-la-Réunion cedex
Tél. : 02 62 90 28 28
Fax : 02 62 90 28 00

CNFPT Rhône-Alpes-Grenoble

Domaine universitaire

440, rue des Université

BP 51

38402 Saint-Martin-d'Hères cedex

Tél. : 04 76 15 01 00

Fax : 04 76 51 16 05

CNFPT Rhône-Alpes-Lyon

18, rue Edmond Locard

69322 Lyon cedex 05

Tél. : 04 72 32 43 00

Fax : 04 72 32 43 43

Institut national des études territoriales (INET)

2A, rue de la Fonderie

BP 20026

67080 Strasbourg cedex

Tél. : 03 88 15 52 64

Fax : 03 88 15 53 77

6| RAPPORT DU PRÉSIDENT DU JURY DU CONCOURS D'ATTACHÉ TERRITORIAL (SESSION 2014)

■ LE CADRE NATIONAL

Comme lors des trois précédentes sessions, le concours est organisé par le centre de gestion du Rhône (CDG69) pour les besoins en recrutement des collectivités territoriales des régions Rhône-Alpes et Auvergne. Pour l'ensemble de la France, le concours est organisé, à l'échelon interrégional, par sept CDG métropolitains et un CDG ultramarin.

Un calendrier national fixe de manière commune les périodes d'inscription, de dépôt des dossiers et les dates et heures des épreuves écrites. Les sujets des épreuves écrites sont identiques pour l'ensemble des CDG métropolitains.

La dernière session remontait à 2012, le concours ayant désormais une périodicité d'organisation de deux ans.

■ LE CONCOURS 2014 – RHÔNE-ALPES/AUVERGNE

Les principaux chiffres de la session

Concours d'attaché territorial Rhône-Alpes/Auvergne

	Externe	Interne	3ᵉ concours	TOTAL	session 2012	session 2011	session 2010
Postes	103	56	31	190	253	237	256
Inscrits	2 594	2 263	382	5 239	4 728	4 568	4 806
Présents	1 266	1 390	266	2 922	3 250	3 082	3 416
Admissibles	184	144	59	387	468	455	468
Admis	100	70	20	190	253	234	253

Les concours sont ouverts dans quatre spécialités : administration générale, gestion du secteur sanitaire et social, animation, urbanisme et développement des territoires. Aucun poste n'est ouvert dans la spécialité analyste.

Les chiffres détaillés de la session sont présentés en annexe.

Le **nombre de postes** offerts aux différents concours, fixé à 190 pour l'ensemble des voies et des spécialités, est en nette baisse par rapport aux trois précédentes sessions. La baisse représente 25 % par rapport à la session 2012.

Le **nombre d'inscrits** est, lui, en progression de 10,8 % et dépasse le niveau atteint en 2010. Cette progression est cependant contrariée par la hausse très significative du **taux d'absentéisme** aux épreuves écrites, qui s'approche des 45 % au total des trois voies. En valeur absolue, le nombre de présents est le plus faible enregistré depuis 2010. L'absentéisme est particulièrement élevé au concours externe (51,2 %, soit 12 points de plus qu'en 2012), mais la hausse concerne également le concours interne (38,6 %, soit 11 points de plus qu'en 2012) et le troisième concours (30,3 %, soit 12,5 points de plus qu'en 2012).

L'absentéisme doit être interprété à la lumière du phénomène de multi-inscriptions aux concours. Comme le souligne une récente étude de l'Association nationale des directeurs des centres de gestion (ANDCDG), la progression de l'absentéisme au concours d'attaché, qui a été particulièrement marquée entre 2012 et 2014, concerne l'ensemble des CDG organisateurs et s'est faite parallèlement à une progression générale des inscriptions. Ces observations tendent à montrer que les candidats s'inscrivent auprès de plusieurs CDG, ce qui génère une part importante de l'absentéisme aux épreuves écrites. Ce phénomène n'est pas bien sûr sans inconvénient pour les centres de gestion, notamment en termes de coûts d'organisation des concours.

Malgré ce fort absentéisme, la **sélectivité** des concours reste importante et s'est même renforcée entre 2012 et 2014 dans les trois voies, du fait de la baisse du nombre de postes. Pour un poste ouvert, on compte ainsi 12,3 candidats présents à l'écrit au concours externe (11,3 en 2012), 24,8 au concours interne (20,7 en 2012) et 8,5 au troisième concours (5,4 en 2012). Comme lors des précédentes sessions, c'est donc au concours interne que la sélectivité est la plus forte, alors que, même en hausse, elle reste en comparaison plus faible au troisième concours.

Le profil des candidats

Les données suivantes portent sur les candidats présents aux épreuves écrites.
• **Sexe :** dans la continuité des précédentes sessions, le taux de féminisation des concours est élevé, les femmes représentant 68 % des candidats au concours externe, 77 % au concours interne et 74 % au troisième concours.

• **Âge :** les moins de 30 ans sont largement majoritaires au concours externe (78 % des candidats). Les 30-39 ans représentent 46 % des candidats au concours interne et 45 % au troisième concours et les 40 ans et plus respectivement 46 % et 49 %.

• **Niveau d'étude :** 69 % des candidats au concours externe détiennent un diplôme bac + 5 au moins, ce qui représente une hausse de 9 points par rapport à la session 2012. 32 % des candidats du concours interne déclarent un diplôme bac + 3 ou bac + 4 et 25 % un diplôme bac + 5 au moins. 27 % des candidats au troisième concours déclarent un diplôme bac + 3 ou bac + 4 et 48 % un diplôme bac + 5 au moins.

• **Origine géographique :** la grande majorité des candidats est domiciliée en région Rhône-Alpes (76 %) ou Auvergne (16 %). 8 % des candidats sont domiciliés hors interrégion.

• Situation professionnelle : 38 % des candidats au concours externe exercent déjà dans la fonction publique territoriale (78 % d'entre eux ayant un statut de contractuel), 22,5 % sont étudiants et 16 % en recherche d'emploi. Les candidats du concours interne sont issus à 92 % de la fonction publique territoriale et à 8 % des autres fonctions publiques. Les rédacteurs territoriaux représentent 48 % des candidats de la voie interne, les adjoints administratifs 16,6 % et les attachés contractuels 9,3 %. Enfin, 65,8 % des candidats au troisième concours exercent déjà dans la fonction publique territoriale, 18,4 % sont en poste dans le secteur privé, 8,3 % sont en recherche d'emploi.

• **Nombre de présentations aux concours :** 74,5 % des candidats au concours externe déclarent présenter le concours pour la première fois. 55,8 % des candidats au concours interne et 53,8 % au troisième concours déclarent présenter le concours pour la deuxième fois ou plus.

• **Suivi d'une préparation :** 17 % des candidats au concours externe déclarent avoir suivi une préparation spécifique au concours, 26 % au concours interne et 31 % au troisième concours.

■ LES ÉPREUVES D'ADMISSIBILITÉ

Les épreuves écrites se sont déroulées dans trois centres d'examen, à Villeurbanne (69), Sainte-Foy-lès-Lyon (69) et Toulon-sur-Allier (03).

Les épreuves écrites ont fait l'objet d'une double correction, ainsi que le prévoient les dispositions réglementaires. La correction a mobilisé environ quatre-vingt-dix correcteurs.

Les notes de cadrage des épreuves ainsi que les sujets complets des épreuves écrites sont en ligne sur le site internet du CDG69, à la rubrique « Concours et examens » www.cdg69.fr. Les sujets ne comportent pas d'indications de correction.

Le concours externe

Le concours externe comporte deux épreuves écrites.

■ La composition sur un sujet d'ordre général relatif à la place et au rôle des collectivités territoriales (durée 4 h, coefficient 3)

Cette première épreuve est commune aux différentes spécialités.

Le sujet de la session 2014 était ainsi libellé : « *Management, performance, qualité, modernisation... : la distinction entre gestion des collectivités territoriales et gestion des entreprises vous paraît-elle pertinente ?* »

Ce sujet transversal était riche et exigeait du futur attaché territorial une connaissance des évolutions administratives inspirées de la « nouvelle gestion publique », qui tendent à rapprocher gestion des collectivités territoriales et gestion des entreprises, à l'image des réformes mises en œuvre au niveau de l'État avec la LOLF (loi organique relative aux lois de finances), la RGPP (révision générale des politiques publiques) et la MAP (modernisation de l'action publique). Il exigeait également une capacité à analyser et évaluer ces évolutions, au regard des missions des collectivités territoriales et des principes de fonctionnement des services publics locaux.

Les domaines en lien avec lesquels les candidats pouvaient mobiliser des connaissances et des exemples étaient nombreux :

• la mise en œuvre des démarches qualité dans les services publics locaux (chartes d'accueil, certification...) ;

• le recours aux mécanismes de marché dans la gestion des services publics locaux (marchés publics, délégation de services publics, partenariat public privé) ;

• le développement de nouveaux outils de gestion des ressources humaines : entretien d'évaluation, rémunération au mérite, gestion prévisionnelle des emplois, des effectifs et des compétences ;

• le développement de politiques transversales sur la base du management par « projet » ;

• le développement du contrôle de gestion, des tableaux de bord de direction générale, de la comptabilité analytique, etc.

Les candidats pouvaient également évoquer les réformes en cours de « l'Acte III » de la décentralisation et la recomposition souhaitée de l'organisation administrative territoriale selon une logique économique, dans le but de réduire les dépenses publiques et de renforcer la compétitivité des territoires.

Il ressort des observations effectuées par les correcteurs que si la plupart des copies contiennent des connaissances en lien avec le sujet, témoignant d'un travail de préparation, celles-ci ne sont pas toujours utilisées à bon escient et sont souvent exposées de manière trop « scolaire », sans approfondissement ni remise en perspective. Beaucoup de candidats semblent chercher à se rassurer en plaquant artificiellement des connaissances, sans construction ni analyse argumentée. Or, dans le cadre de cette épreuve de composition, la valeur ajoutée de la copie réside dans la capacité à conduire une réflexion, en traitant le sujet de manière problématisée et construite, les connaissances devant être mobilisées au service d'une démonstration.

Les correcteurs relèvent également un nombre important de copies comportant des prises de position abruptes sur le sujet, sans argumentation suffisamment étayée. À l'instar des questions touchant à l'évolution du secteur public et des services publics, le sujet proposé n'est pas neutre et possède une charge politique. Les enjeux qu'il soulève sont régulièrement abordés dans les discours politiques ou les médias. Il revenait au candidat de savoir se positionner en tant que futur attaché territorial, sans esprit polémique ou ouvertement partisan mais avec le recul nécessaire pour restituer les termes du débat et en éclairer les enjeux. Les correcteurs se sont attachés à valoriser les prises de position, dès lors qu'elles étaient étayées et reposaient sur une analyse solide. Mais ils ont sévèrement sanctionné les jugements hâtifs et sans fondement.

S'agissant de la construction de la composition, les correcteurs soulignent que l'introduction ne remplit que trop rarement son rôle, en n'amenant pas suffisamment le sujet et en ne posant pas clairement une problématique. Quant à la conclusion, elle consiste fréquemment en des redites d'éléments avancés dans le développement, au lieu de proposer un élargissement et une ouverture. Comme lors des précédentes sessions, les correcteurs regrettent également que beaucoup de copies comportent des fautes de syntaxe et d'orthographe en nombre trop important pour des candidats prétendant accéder à la catégorie A de la fonction publique. Rappelons que conformément au cadrage de l'épreuve, une mauvaise orthographe est sévèrement sanctionnée, une pénalité de 2 points s'appliquant lorsque la copie contient plus de 10 fautes.

Les problèmes recensés se reflètent dans les notes attribuées (cf. en annexe les chiffres détaillés de la notation). Pour 1 262 copies notées, la moyenne s'établit, après mise en œuvre d'une péréquation entre les binômes de correcteurs, à 7,49 sur 20, soit une moyenne un peu supérieure à celle de la session 2012 (7,13). On compte au total 18,3 % de notes strictement inférieures à 5 sur 20 et donc éliminatoires (17,9 % lors de la session 2012). 21,4 % des copies obtiennent une note supérieure ou égale à 10 (18,8 % pour la session 2012). La meilleure copie bénéficie d'une note de

17 sur 20. Il paraît important de souligner que la note moyenne à l'épreuve révèle en réalité une forte hétérogénéité, qui fait de la composition une épreuve assez discriminante, même si son coefficient est légèrement moins élevé que celui de l'épreuve de note dans la spécialité.

■ La note dans la spécialité (durée 4 h, coefficient 4)

Pour cette session, les thématiques des sujets étaient les suivantes :

Spécialité	Thématique	Dossier
Administration générale	Les grands enjeux de l'intercommunalité	11 documents 38 pages
Gestion du secteur sanitaire et social	Les enjeux de l'économie sociale et solidaire pour les collectivités	16 documents 38 pages
Analyste*	Les tablettes tactiles pour les élus et les agents	14 documents 34 pages
Animation	La participation des habitants dans le cadre de la politique de la ville	9 documents 36 pages
Urbanisme et développement des territoires	Les enjeux du PLU intercommunal en milieu rural	8 documents 38 pages

* La spécialité « Analyste » n'était pas organisée par le CDG69 pour la session 2014.

Le jury souligne le caractère actuel des sujets proposés aux candidats. Majoritairement, les candidats se sont pliés aux exigences formelles de l'exercice (en-tête, plan matérialisé, etc.), rappelées dans la note de cadrage. Certains candidats manifestent à l'évidence un savoir-faire efficace pour prendre connaissance rapidement d'un dossier et en faire une synthèse claire, structurée et utile pour le destinataire. À l'inverse, les copies faibles traduisent le plus souvent une analyse superficielle du dossier ainsi qu'une difficulté à organiser les idées d'une manière cohérente dans le temps imparti. On observe dans beaucoup de copies de nombreuses redondances d'un paragraphe à l'autre. Le plan choisi est souvent peu significatif et ne valorise pas suffisamment les principales idées qui sont à transmettre au destinataire. Comme lors de la session précédente, les correcteurs regrettent que beaucoup de copies traitent le sujet de façon générale, sans informer le destinataire des principaux enjeux que soulève le sujet pour la collectivité. Dans la spécialité Administration générale, beaucoup de candidats ont par exemple consacré de longs développements à l'historique de l'intercommunalité, sans traiter suffisamment de ses principaux enjeux actuels, ce qui était l'objet de la commande. La qualité de l'expression écrite est globalement assez médiocre. De nombreuses copies sont pénalisées en raison de leur mauvaise orthographe.

La note moyenne de l'épreuve s'établit, selon les spécialités, entre 7,71 en « Administration générale » (après péréquation entre les binômes de correcteurs) et 8,45 en « Urbanisme et développement des territoires ». La proportion de copies obtenant 10,00 ou plus varie entre 24,7 % en « Administration générale » et 34,3 % en « Animation ».

Le concours interne et le troisième concours

■ Le rapport dans la spécialité (durée 4 h, coefficient 4)

L'admissibilité au concours interne et au troisième concours repose sur cette unique épreuve. L'intitulé souligne la dimension professionnelle de l'exercice demandé, le rapport, rédigé à l'aide d'un dossier, devant permettre de dégager des solutions opérationnelles appropriées.

Les thématiques des sujets de la session 2014 étaient les suivantes :

Spécialité	Thématique	Dossier
Administration générale	Le dialogue social dans la fonction publique territoriale	11 documents 37 pages
Gestion du secteur sanitaire et social	Les départements et l'habitat des personnes âgées ou handicapées	11 documents 37 pages
Analyste*	Le télétravail	10 documents 30 pages
Animation	La participation des jeunes à la vie de la cité	10 documents 39 pages
Urbanisme et développement des territoires	La gestion urbaine de proximité	8 documents 39 pages

* La spécialité « Analyste » n'était pas organisée par le CDG69 pour la session 2014.

Le jury souligne que les sujets proposés abordaient de manière concrète la mise en œuvre de l'action des collectivités territoriales. Ils ne présentaient pas de difficultés majeures, les documents composant les dossiers étant accessibles, clairs et variés. La difficulté de l'exercice demandé était davantage d'ordre méthodologique, le candidat devant, dans le temps imparti, analyser un dossier relativement volumineux et formuler des propositions d'actions appropriées au contexte général (politique, administratif, financier...) et au contexte particulier de la collectivité. Cet exercice réclame une préparation méthodologique et un entraînement qui manquent visiblement à de nombreux candidats. Beaucoup ont éprouvé des difficultés à gérer correctement le temps de l'épreuve, ce qui se traduit souvent par un déséquilibre notoire entre le volet « analyse » du rapport et le volet « propositions », alors que ce dernier constitue un élément essentiel de la commande.

Les correcteurs soulignent le niveau très inégal des copies. On compte quelques très bonnes copies qui, sur le fond comme sur la forme, se distinguent largement de l'ensemble des productions. Mais, dans l'ensemble, les correcteurs relèvent tout d'abord des difficultés de la part des candidats à opérer une réelle analyse du dossier. De nombreuses copies restent trop descriptives et ne sont pas à même d'aider efficacement le destinataire à cerner rapidement les enjeux du problème rencontré par la collectivité. Le volet « analyse » est souvent présenté de façon désordonnée et peu synthétique, sans véritable tri, hiérarchisation ou mise en perspective des informations. Le volet « propositions » consiste trop souvent, quant à lui, en une récitation de la méthodologie de projet, sans lien avec les spécificités du sujet. Les solutions présentées sont alors trop vagues, trop générales, standardisées, peu adaptées aux attentes du commanditaire et au contexte. D'autres copies présentent le défaut inverse, le candidat avançant des propositions intéressantes sur le fond, mais insuffisamment accompagnées de méthodologie de réalisation.

Les correcteurs regrettent d'une manière générale que l'on trouve, dans les copies, insuffisamment d'apports de connaissances en dehors du dossier, sous forme d'analyses ou d'exemples qui permettraient de mieux situer le sujet dans son contexte général et de rendre plus pertinent et opérationnel le volet « propositions », ce qui est pourtant un des attendus de l'épreuve de rapport et constitue une différence essentielle avec l'épreuve de « note » du concours externe, où le candidat doit s'en tenir strictement aux informations contenues dans le dossier.

Sur la forme, les correcteurs relèvent de fréquents défauts dans la construction des copies : introduction trop descriptive, qui « n'accroche » pas le lecteur et n'expose pas clairement de problématique ; titres des parties et des sous-parties peu travaillés, stéréotypés et en décalage avec le contenu ; déséquilibre entre les différentes parties et sous-parties ; absence de transition entre les parties ou de « chapeau » introductif au début de chacune des parties. Ces défauts ont tendance à être alourdis par le style des candidats, qui manque souvent de fluidité. Le niveau rédactionnel d'ensemble est relativement faible par rapport à ce qui est attendu d'un cadre administratif et certaines copies contiennent un nombre bien trop important de fautes d'orthographe.

Au concours interne, la moyenne générale de l'épreuve s'établit selon les spécialités entre 7,71 en « Administration générale » (après péréquation entre les différents binômes de correcteurs) et 8,45 en « Urbanisme et développement des territoires ». Entre 24,7 % (en « Administration générale ») et 34,3 % des candidats (en « Animation ») obtiennent une note au moins égale à 10,00.

Excepté en « Animation », les notes moyennes obtenues par les candidats du troisième concours sont légèrement inférieures à celles des candidats du concours interne dans les mêmes spécialités. En « Administration générale », la note moyenne est de 7,26 sur 20 et 22,3 % des candidats obtiennent une note au moins égale à 10,00 (cf. en annexe les chiffres détaillés de la notation des épreuves écrites).

■ L'admissibilité

À l'issue de la correction des épreuves écrites, le jury s'est réuni pour arrêter la liste des candidats admissibles.

Le jury a examiné tout d'abord les copies susceptibles de comporter des signes distinctifs. Le jury a décidé de ne pas noter 8 de ces copies, qui contrevenaient clairement aux consignes données aux candidats en matière de respect de l'anonymat : indication du nom du candidat sur la copie, présence d'un paraphe sur la copie, indication dans l'en-tête de la copie du nom d'une collectivité ne figurant pas dans le dossier, utilisation d'encre de couleur verte ou rouge notamment pour souligner des titres. Le jury attire à nouveau l'attention des candidats sur la nécessité de respecter scrupuleusement les consignes d'anonymat des copies, rappelées tant oralement au début de chaque épreuve que par écrit sur les consignes accompagnant les convocations ainsi que sur les sujets eux-mêmes.

Le jury a délibéré ensuite sur la fixation des seuils et le nombre de candidats admissibles par spécialité et par voie (cf. les « chiffres de la session » en annexe).

Dans toutes les voies et spécialités, le jury a déterminé des seuils au moins égaux à 10 sur 20. Les seuils fixés sont pour la plupart assez nettement supérieurs à la moyenne.

Au final, le jury retient 387 candidats pour les épreuves d'admission pour un total de 190 postes, ce qui représente une proportion d'un peu plus de deux candidats admissibles pour un poste. Toutes spécialités confondues, 14,5 % des candidats présents au concours externe passent le cap de l'admissibilité, pour 10,3 % des candidats du concours interne et 22,1 % des candidats du troisième concours.

■ LES ÉPREUVES D'ADMISSION

Les épreuves orales d'admission se sont déroulées dans les locaux du CDG69 à Sainte-Foy-lès-Lyon. Les épreuves d'entretien ont été conduites par l'ensemble des membres du jury, constitués en groupes de trois examinateurs représentant chacun un des collèges réglementaires (élus, personnalités qualifiées, fonctionnaires territoriaux). Les épreuves de langue vivante ont été conduites par des binômes d'examinateurs spécialisés.

Pour cette session 2014, une nouvelle règle du jeu était en vigueur lors de ces épreuves orales d'admission. L'article 17 du décret n° 2013-593 du 5 juillet 2013 précise en effet que toute note inférieure à 5 sur 20 à l'une des épreuves obligatoires d'admission – et non plus uniquement d'admissibilité – entraîne l'élimination du candidat. Cette règle ne change guère la donne en pratique pour l'épreuve d'entretien, qui, quelle que soit la voie de concours, est de toute façon déterminante en raison de son coefficient élevé. En revanche, elle modifie l'enjeu de l'épreuve orale obligatoire de langue du concours externe, affectée seulement d'un coefficient 1 sur un total de 12, mais pour laquelle une note strictement inférieure à 5,00 est désormais éliminatoire, quelles que soient par ailleurs les notes obtenues par le candidat aux autres épreuves.

■ L'épreuve d'entretien

L'épreuve d'entretien a un poids différent selon la voie de concours : coefficient 4 sur un total de 12 au concours externe, coefficient 5 sur un total de 9 au concours interne et troisième concours. La durée de l'épreuve diffère selon la voie : 20 min au concours externe, 25 min au concours interne et au troisième concours. Au concours interne et au troisième concours, l'entretien débute par une présentation de 10 minutes au plus par le candidat de son expérience professionnelle et des compétences qu'il a acquises à cette occasion. Au troisième concours, les membres du jury disposent d'un document retraçant l'expérience professionnelle du candidat, remis par celui-ci au moment de son inscription au concours.

L'épreuve d'entretien permet au jury d'apprécier les aptitudes professionnelles du candidat : culture générale administrative et territoriale, motivation professionnelle, connaissances dans la spécialité et capacité à les exploiter, aptitude à exercer des responsabilités d'encadrement, aptitude à communiquer, facultés d'analyse et de réflexion, ouverture d'esprit, curiosité intellectuelle, etc.

Les candidats doivent démontrer leur motivation et leur capacité à accéder à un cadre d'emploi de catégorie A de la filière administrative et à assumer les missions et les responsabilités correspondantes.

Le jury souligne que les candidats étaient dans l'ensemble plutôt bien préparés à l'épreuve. Comme lors des sessions précédentes, le jury a interrogé quelques candidats d'excellent niveau, qui se sont distingués par leurs connaissances générales, leur maturité, leur dynamisme. Le niveau d'ensemble des candidats a paru nettement en hausse au concours externe, notamment dans la spécialité « Administration générale ».

Les défauts fréquemment relevés concernent tout d'abord le manque d'ouverture des candidats par rapport au domaine de spécialité qui peut être le leur, du fait de leur formation ou de leur expérience professionnelle. Il faut rappeler que le cadre d'emploi des attachés territoriaux correspond à une diversité de métiers administratifs. Il est donc attendu des candidats qu'ils ne se limitent pas à un domaine spécialisé mais montrent leur curiosité pour le monde des collectivités territoriales dans son ensemble, pour les réformes projetées ou en cours et sachent témoigner d'un minimum de réflexion personnelle sur ces sujets. Ce défaut est naturellement plus marqué au concours interne. Si la plupart des candidats maîtrisent les connaissances et les méthodes liées aux fonctions qu'ils exercent, certains témoignent d'une trop faible connaissance générale des collectivités et de l'environnement territorial.

Le jury a à nouveau constaté que certains candidats, notamment au concours interne et au troisième concours, ne mesurent pas véritablement les attendus de l'épreuve et semblent aborder l'entretien comme une formalité se limitant à une conversation plus ou moins structurée sur leur parcours professionnel. Les candidats doivent être en mesure de faire comprendre au jury leurs motivations pour présenter le concours et être capables de se projeter dans les fonctions qu'ils aspirent à exercer, en les mettant en rapport avec leurs acquis, leurs souhaits d'évolution et les qualités qui sont les leurs.

Au concours externe, la note moyenne de l'épreuve s'établit selon les spécialités entre 10,30 en « Gestion du secteur sanitaire et social » et 12,68 en « Administration générale » et en « Animation ». Les notes sont particulièrement élevées dans la spécialité « Administration générale », où près de 85 % des candidats obtiennent au moins 10,00 sur 20, la palette des notes s'étendant de 6,00 à 18,00. Au concours interne, la note moyenne de l'épreuve varie selon les spécialités entre 11,07 en « Gestion du secteur sanitaire et social » et 12,37 en « Urbanisme et développement des territoires » (11,07 en « Administration générale »). Au troisième concours, la note moyenne en « Administration générale » est particulièrement faible et nettement inférieure à celle du concours interne (8,91). Dans les autres spécialités, elle est proche de celle du concours interne, variant de 11,17 en « Urbanisme et développement des territoires » à 12,33 en « Animation » (cf. les chiffres de notation des épreuves d'entretien en annexe).

■ L'épreuve orale de langue vivante (préparation : 15 min, durée ; 15 min, coefficient 1)

L'épreuve de langue est obligatoire au concours externe. Elle est facultative au concours interne et au troisième concours, où seuls comptent les points au-dessus de la moyenne. 46 % des candidats admissibles au concours interne étaient inscrits à l'épreuve et 68 % au troisième concours. Au total des trois voies, l'anglais est la langue très majoritairement choisie par les candidats (à 77 %), suivi de l'espagnol (11,4 %) de l'italien (5,2 %) et de l'allemand (4,8 %).

L'épreuve comporte la lecture puis la traduction de tout ou partie d'un texte, suivies d'une conversation dans la langue à partir du texte. Les examinateurs soulignent l'hétérogénéité du niveau des candidats. Si certains montrent une maîtrise courante, pour d'autres, la pratique de la langue semble lointaine. Les candidats ayant choisi les langues plus rares (arabe moderne, portugais...) ont dans l'ensemble d'excellents résultats. D'une manière générale, les principales difficultés rencontrées par les candidats sont en traduction, exercice peu pratiqué aujourd'hui dans les enseignements. La partie « conversation » est souvent mieux réussie. Au concours externe, la note moyenne à l'épreuve est de 12,40 sur 20. Cette note est en hausse de près d'un point et demi par rapport à la session 2012. Près de 75 % des candidats obtiennent une note égale ou supérieure à 10,00. 5 des 182 candidats externes qui ont passé l'épreuve n'atteignent pas la note de 5,00 sur 20 et sont donc éliminés. Au concours interne, la note moyenne à l'épreuve est de 10,92 sur 20. 34 candidats (soit 57,6 % de ceux ayant subi l'épreuve de langue et 23,6 % de l'ensemble des candidats admissibles) obtiennent une note supérieure à 10,00, leur permettant de bénéficier de points supplémentaires pour l'admission. Au troisième concours, la note moyenne à l'épreuve est de 12,05 sur 20 et 22 candidats (soit 59,5 % de ceux ayant subi l'épreuve de langue et 39,2 % de l'ensemble des candidats admissibles) obtiennent une note supérieure à 10,00 (cf. les chiffres de notation des épreuves de langue en annexe).

■ L'admission

Il convient de rappeler que le décret n° 87-1099 du 30 décembre 1987 portant statut particulier du cadre d'emploi des attachés territoriaux fixe à 25 % du nombre total des postes offerts dans les trois voies de concours pour chaque spécialité, la proportion maximale de postes transférables vers le concours externe et/ou le concours interne.

35 postes étaient ainsi théoriquement transférables en « Administration générale », 4 postes en « Gestion du secteur sanitaire et social », 3 postes en « Animation » et 7 postes en « Urbanisme et développement des territoires ». Le jury décide d'utiliser, le cas échéant, cette possibilité afin d'harmoniser le niveau de l'admission au concours d'une voie à l'autre au sein d'une même spécialité. En application de cette règle, le jury décide de transférer :
• 8 postes du troisième concours vers le concours interne et 1 poste du troisième concours vers le concours externe dans la spécialité « Administration générale » ;
• 2 postes du concours externe vers le concours interne dans la spécialité « Gestion du secteur sanitaire et social » ;
• 1 poste du concours externe vers le concours interne dans la spécialité « Animation » ;
• 2 postes du troisième concours vers le concours interne et 1 poste du concours externe vers le concours interne dans la spécialité « Urbanisme et développement des territoires ».

Le jury pourvoit au final la totalité des postes. Si le concours interne bénéficie de la majorité des postes transférés, les seuils d'admission demeurent plus élevés dans cette voie. Les seuils d'admission sont supérieurs à 10,00 dans toutes les voies et toutes les spécialités, compris entre 10,75 et 14,44 sur 20 (cf. les « chiffres de la session » en annexe).

■ Le profil des lauréats

• **Sexe :** la proportion de femmes parmi les lauréats s'élève à 70 % au concours externe (pour 68 % des candidats présents aux écrits), à 78,6 % au concours interne (77 % des présents) et à 85 % au troisième concours (74 % des présents).
• **Niveau d'étude :** les titulaires d'un diplôme bac + 5 ou plus représentent 77 % des lauréats du concours externe (pour 69 % des candidats présents aux écrits), 53 % des lauréats du concours interne (25 % des présents) et 65 % des lauréats du troisième concours (48 % des présents).
• **Situation professionnelle :** 37,7 % des lauréats du concours externe ont le statut d'étudiant (pour 23,7 % des candidats présents aux écrits), ce qui témoigne d'un bon taux de réussite dans cette catégorie. Les candidats exerçant déjà en collectivité territoriale représentent 44,6 % des lauréats du concours externe, soit approximativement la même proportion que pour les candidats présents aux écrits. Au troisième concours, 71,5 % des lauréats sont en poste en collectivité territoriale (66 % des présents aux écrits).
• **Suivi d'une préparation :** 31 % des lauréats au concours externe déclarent avoir suivi une préparation spécifique au concours (pour 17 % des présents aux écrits), 45,7 % au concours interne (26 % des présents) et 40 % au troisième concours (31 % des présents).

■ CONCLUSION

À l'issue des épreuves, le jury se félicite du bon niveau général des lauréats de ce concours d'attaché territorial 2014, signe que la fonction publique territoriale se révèle toujours attrayante. Le niveau des candidats a globalement tendance à progresser, tant à l'écrit qu'à l'oral ; les seuils d'admissibilité et d'admission le soulignent. La sélectivité du concours est confirmée, la périodicité bisannuelle d'organisation et la baisse tendancielle du nombre de postes accentuant encore le phénomène.

Au concours externe, le jury a pu constater une professionnalisation indéniable et grandissante des candidats ayant subi les épreuves orales, la majorité d'entre eux a déjà une certaine familiarité – plus ou moins affirmée – avec le « monde territorial », sa culture, ses problématiques et ses méthodes de travail. Cette évolution, qui accroît le niveau d'exigence du concours, est à mettre en lien avec la professionnalisation croissante des études universitaires, nombre de candidats ayant été formés à l'université ou dans des instituts d'études politiques dans le cadre de masters 2 à finalité professionnelle, comme le jury l'a constaté lors des oraux et comme le souligne la forte proportion de diplômés à bac + 5 parmi les lauréats. Il ne faudrait pas, cependant, que cette professionnalisation s'opère au détriment de la nécessaire diversité d'accès au concours d'attaché, source de richesse pour la fonction publique territoriale.

Le jury pointe cependant le faible niveau d'ensemble des candidats au troisième concours dans la spécialité « Administration générale ». Plusieurs candidats étaient visiblement mal préparés à l'oral et semblaient compter avant tout, pour réussir le concours, sur un rapport nombre de candidats/ nombre de postes plus favorable que dans la voie interne. Au vu de la forte proportion de candidats déjà en poste en collectivités et ayant un profil de candidats internes, cette voie manque par ailleurs son objectif de diversifier du point de vue social et professionnel l'accès au concours d'attaché territorial.

Cette session 2014 était la première organisée depuis l'entrée en vigueur du décret n° 2013-593 du 5 juillet 2013 instaurant une note éliminatoire pour les épreuves obligatoires d'admission, et non uniquement pour les épreuves d'admissibilité. Si cette règle modifie l'enjeu de l'épreuve orale obligatoire de langue vivante du concours externe, le jury se félicite qu'aucun candidat en position d'être admis au concours externe n'ait été éliminé à cause de l'épreuve de langue, qui compte seulement pour un coefficient 1 sur un total de 12. Pour les prochaines sessions, il engage cependant les candidats qui auraient des lacunes en langue vivante à préparer suffisamment à l'avance l'épreuve orale pour ne pas risquer de mettre en péril leur réussite au concours pour cette raison.

Le jury se fait le relais des centres de gestion organisateurs pour regretter le fort absentéisme aux épreuves écrites, en hausse très nette lors de cette session 2014 par rapport aux sessions précédentes. Il faut rappeler aux candidats que cet absentéisme, qui ne marque pas un manque d'intérêt pour le concours mais s'explique avant tout par les pratiques de multi-inscriptions des candidats auprès de plusieurs centres organisateurs, génère un important gaspillage d'argent public. Les CDG doivent instruire une multitude de candidatures inutilement et engager des sommes importantes dans la réservation des places d'examen. Le jury suggère une évolution réglementaire imposant aux candidats de ne pouvoir s'inscrire qu'auprès d'un centre de gestion organisateur lors d'une même session.

Le jury, pour conclure fait part de sa satisfaction quant à la qualité de l'organisation du concours. Il tient à remercier le centre de gestion du Rhône de tous les moyens mis à disposition pour s'acquitter de sa mission dans les meilleures conditions.

Fait à Sainte-Foy-lès-Lyon, le 19 mai 2015

Le Président du jury

Loïc CHABRIER

Adjoint au maire de Villeurbanne

Concours Fonction publique

25 thèmes de note de synthèse
100 entraînements à l'entretien oral (B et A)
100 entraînements épreuve orale et mise en situation professionnelle (C)
100 fiches et QCM sur les collectivités territoriales
100 fiches sur les institutions
120 fiches sur les institutions
200 questions d'actualité politique, économique et sociale
200 questions pour le concours ATSEM
200 questions sur les collectivités territoriales en France
500 QCM et tests psychotechniques
500 QCM sur les institutions politiques françaises
500 tests psychotechniques
600 QCM d'histoire contemporaine
800 QCM d'actualité politique, économique et sociale
800 QCM et tests d'aptitude et de personnalité
800 QCM institutions, droit, finances publiques, économie
1 000 QCM de culture générale
1 000 QCM d'entrée dans la fonction publique
1 200 QCM de culture générale
1 500 QCM sur les collectivités territoriales
1 500 tests psychotechniques
Adjoint administratif d'État
Adjoint administratif territorial
Adjoint administratif territorial – examen professionnel
Adjoint des cadres hospitaliers
Adjoint de sécurité
Adjoint technique territorial
Adjoint territorial d'animation
Adjoint territorial du patrimoine de 1re classe
Agent de constatation des douanes
Agent de maîtrise territorial
Agent social territorial
Agent spécialisé de police technique et scientifique
Agent territorial de 1re classe
Animateur territorial
Annales corrigées adjoint administratif
Annales corrigées agent de constatation des douanes

Annales corrigées ATSEM/ASEM (concours externe – interne – 3e concours)

Annales corrigées attaché territorial (concours externe)

Annales corrigées attaché territorial (concours interne et 3e concours)

Annales corrigées contrôleur des douanes

Annales corrigées CRPE

Annales corrigées gardien de la paix

Annales corrigées gendarme

Annales corrigées rédacteur territorial (concours externe)

Annales corrigées rédacteur territorial (concours interne et 3e concours)

Annales corrigées secrétaire administratif et SAENES

Annales corrigées sapeur-pompier professionnel

Annales corrigées surveillant de l'administration pénitentiaire

Assistant médico-administratif

Assistant socio-éducatif territorial

Assistants territoriaux de conservation du patrimoine et des bibliothèques

ATSEM/ASEM concours externe – interne – 3e concours

Attaché territorial concours externe

Attaché territorial concours interne – 3e concours

Auxiliaire de puériculture territorial de 1re classe

Auxiliaire de soins territorial de 1re classe

B.a. ba de culture générale

B.a. ba de droit

B.a. ba de français

B.a. ba de maths

B.a. ba sur les institutions

Bibliothécaire assistant spécialisé classe normale

Commissaire de police et officier de police

Comptabilité

Concours commun : Trésor public, impôts, douanes, DGCCRF

Concours d'entrée à l'EHESP

Concours des IRA

Concours des IRA – Thèmes 2017

Conseiller pénitentiaire d'insertion et de probation

Contrôleur des douanes

Contrôleur des finances publiques

Contrôleur des impôts : épreuve d'admissibilité

Contrôleur des impôts

CRPE 20 étapes pour réussir l'épreuve écrite de français
CRPE 20 étapes pour réussir l'épreuve écrite de mathématiques
CRPE Guide de l'orthographe rectifiée
CRPE première épreuve orale : mise en situation professionnelle
CRPE deuxième épreuve orale : EPS et connaissance du système éducatif
CRPE Toutes les épreuves d'admissibilité
CRPE Toutes les épreuves d'admission
Dictionnaire de l'administration
Éducateur territorial de jeunes enfants
Engagé volontaire de l'armée – Préparer les épreuves de sélection
Épreuves de synthèse
Éthique et responsabilité
Examen de niveau des DRJSCS
Français
Gardien de la paix
Gardien de la paix – 1 000 QCM sur les connaissances fondamentales
Gardien de la paix – 1 500 QCM sur les connaissances générales
Gardien de la paix – 1 000 QCM sur les connaissances professionnelles
Gardien de police municipale et garde champêtre
Gendarme
Gendarme adjoint volontaire
Infirmier de l'Éducation nationale et de l'enseignement supérieur
La culture générale en 1 000 questions Tome 1
La culture générale en 1 000 questions Tome 2
La culture générale
La dissertation aux concours administratifs
La dissertation de culture générale
La note administrative et la note opérationnelle
La note de synthèse, catégories B et A
La lettre administrative
L'épreuve de gestion des collectivités territoriales (Concours ENA/INET)
L'épreuve de QRC
L'épreuve de RAEP dans l'enseignement
Le résumé de texte
L'intégrale de la culture générale
Lieutenant et capitaine des sapeurs-pompiers professionnels
L'oral au CRPE

© GROUPE STUDYRAMA

34/38, rue Camille-Pelletan - 92309 Levallois-Perret cedex
Imprimerie La Sepec - 01960 Péronnas - 10803170158
Imprimé en France - 1er trimestre 2017

Service éditorial : Marjorie Champetier, Nathanaël Deniau,
Benjamin Dias Pereira, Deborah Lopez, Élodie Sebbah
Conception graphique : Catherine Aubin

Dépôt légal à parution
ISBN 978-2-7590-3397-3